中国当代文艺理论探索书系

设计管理

马咏蕾 刘垚 著

山东美术出版社

图书在版编目（CIP）数据
设计管理 / 马咏蕾，刘垚著．—济南：山东美术出版社，2012.5（2012.12 重印）
ISBN 978-7-5330-3762-8

Ⅰ．①设… Ⅱ．①马… ②刘… Ⅲ．①产品设计 - 企业管理 Ⅳ．① F273.2

中国版本图书馆 CIP 数据核字（2012）第 075826 号

鸣谢：本丛书的出版，感谢上海师范大学美术学院的大力支持。

策　　划：刘传喜
责任编辑：郭征南

装帧设计：李　玥
设计指导：王承利

主管部门：山东出版集团
出版发行：山东美术出版社
济南市胜利大街 39 号（邮编：250001）
http://www.sdmspub.com
Email:sdmscbs@163.com
电话：（0531）82098268
传真：（0531）82066185
山东美术出版社发行部
济南市胜利大街 39 号（邮编：250001）
电话：（0531）86193019 86193028
制版印刷：山东临沂新华印刷物流集团
开　　本：787mm × 1092mm　16 开　7.75 印张
版　　次：2012 年 5 月第 1 版　2012 年 12 月第 2 次印刷
定　　价：30.00 元

前 言

设计是一种投入还是资产？企业如何合理有效地运用设计资源？从设计师到设计管理者的角色演变需要哪些关键因素？

1966年，英国设计师迈克尔·法里（Michael Farry）在他所编著的《设计管理》一书中首次提出设计管理的定义："设计管理是在界定设计问题，寻找合适设计师，且尽可能地使设计师在既定的预算内解决设计问题。"这个定义显然是站在设计师的角度提出的，开始显现出设计师参与商业设计时需要界定问题、控制成本、组织设计人员的一些基本管理因素。之后众多中外专家对设计管理的内容提出各种不同观点，并从各种受众角度出发，赋予设计师各种新的管理特征。

本质而言，设计的目的就是使人与人、人与物、人与环境、人与社会相协调，使生活更美好。设计师的工作与其说是创造了有形的产品，不如说是沟通与服务于不同层面的"人"。台湾学者刘瑞芬博士提出，设计服务于"使用者"、"消费者"、"管理者"与"经营者"，构成了设计管理不同层面的功能和价值。因此设计管理研究的是如何在各个层次整合、协调设计所需的资源和活动，并对一系列设计策略与设计活动进行管理，寻求最合适的解决方法，以达成企业的目标和创造出有效的产品（或沟通）。

本书从以下几个章节，为读者介绍设计管理的基本理论：设计的概念及特征、设计管理的起源与基本概念、设计组织、设计沟通、设计管理与企业经营。由于近年来各种设计管理研讨会在中国的召开，作者也加入了近年来中国讨论的热点主题：设计机遇与设计调研、设计管理与品牌体验。最后，希望通过一些国内外经典案例，让读者得以比较和借鉴。

在本书撰写过程中，华东师范大学设计学院提供了科研经费的支持。同时，山东美术出版社也给予许多帮助，才使得本书顺利出版发行。对他们的友情和关心，深表谢意。由于水平和时间的限制，书中难免疏漏之处，恳请广大同行和读者批评指正。

编者

2011年10月

目录

第一章

设计的概念及特征

1.1　设计的概念及特征

“设计”一词源自拉丁语“designare”，有两层含义：设想（idea）与计划（plan）。中国《现代汉语词典》中对设计的定义为：“设计是在正式做某项工作之前，根据一定的目的要求，预先制定的方法、图样等。”《牛津词典》对设计的定义则是：“头脑中的计划、方案、目的、观念等结论；按构想制定计划与目标，绘制图样，借以实施头脑中的计划与计谋。”这两个解释虽然出自不同国家，却都反映了设计作为一个名词可以表示一个静态的计划、方案、目的、观念等结论，而作为动词则包含一些动态的活动或者过程，如制定计划、绘制图样等等。工业设计在很长一个时期内都还是比较多地存在于产品形式的创造上，包括欧美主要的设计、美术学院，其教学重点都立足形式创造的训练基础上，教学主张往往仅仅看到了充当修饰词汇的“设计”，例如时髦的服饰设计、新颖的灯具设计、舒适的家具设计等等，而忽视了设计活动的整个过程。设计总是包含一个目的、计划，特别是一个分析问题、创意的过程，当然，设计最终需要由各种图样、产品模型、效果图把构思表现出来。

设计理论家格罗斯（Nigel Cross）认为设计的中心应该是“结果引导”（solution led，英语 solution 兼有“结论”、“解决问题”的含义）。他要求设计的目的性必须明确，而不是艺术型的漫无边际的创造。他认为设计同时是一个解决问题的过程，而并非单纯的外形创造。在设计过程中，应该调动一切可能的因素，尽快地把产品存在的各方面问题澄清并解决，特别是关系到舒适、安全、方便、明确服务针对性、合乎企业经济目标、方便维修和保养等方面的问题。应该找出解决这些问题的方法，提供符合目的的设计，与此同时，还应该尽量缩短解决问题的时间，这是一切设计的要点。

国际工业设计协会 ICSID（International Council of Societies of Industrial Design）提出，设计是一项创意活动，设计的活动不单单是一个最终结果，如产品、服务、系统的外观，还强调设计的创造性、统一性、工艺质量、外形等多方面的要求，设计推动了人类创新科技的发展，也是经济与文化交融的重要因素。

设计理论的发展是由于人类设计项目的日益复杂化。人类设计项目随着历史的变化而变化，传统工业设计项目的核心是产品设计，伴随着历史和科技的发展，工业设计内涵的发展也趋于更加广泛和深入。20世纪70年代，企业只要求设计师提供新的产品造型，而没有其他要求。20世纪80年代，由于科技的发展，除了产品和包装等等的外形设计之外，企业还要求设计公司必须考虑各种生产技术、技术应用方式，以便解决工程技术问题，设计项目的焦点是生产过程。20世纪90年代，由于市场和品牌的发展，设计项目需要关注更多影响因素，设计公司所需提供的范围更大，包括市场以及使用者研究、人机工程学研究、电脑软件设计，一直到产品的包装和促销产品设计等等。设计师需要涉足社会科学、人种学、生态学和用户观察等领域。

特征	设计的定义	关键词
处理问题	设计是一种计划，为了生产出人们可以看到、触摸和听到的产品。 ——彼得·戈尔（Peter Gorb）	计划、生产
创造力	工业生产中需要美学科技。 ——D·惠松（D.Huison）	工业设计 审美情趣
系统化	设计是将所有环境需求概念化并最终实现，从而满足不同需求。 ——A·托帕利安（A.Topalian）	用户需求 创作过程
协调力	设计师永远不是单独工作的，也永远无法是完美的。 ——T·马尔多纳多（T.Maldonado）	团队工作 沟通协调
文化贡献	设计师的职业不是艺术家和美学家，而是语义学专家。 ——P·斯达克（P.Stark）	语义学 文化

设计的特征

1.2 工业设计定义的延伸

工业设计产生的条件是现代化大工业的批量生产和激烈的市场竞争，其设计对象是以工业化方法批量生产的产品。通过形形色色的工业产品，工业设计对现代社会的人类生活产生了巨大的影响，并构成了一种广泛

椅子

的物质文化，提高了人民的生活水平。工业设计是从二战后开始日益成熟的设计活动，不少国家长期以来都不采用工业设计这个名称，而是采用“工艺美术”、“实用美术”、“产品造型”等模糊的术语。直到20世纪60年代左右，才有越来越多的国家开始正式采用“工业设计”这个名称。1970年国际工业设计协会为“工业设计”下了一个完整的定义：“工业设计是一种根据产业状况以决定制作物品之适应特质的创造活动。‘适应物品特质’不单指物品的结构，而是兼顾使用者和生产者双方的观点，使抽象的概念系统化，完成统一而具体化的物品形象，即着眼于根本的结构与机能间的相互关系，它根据工业生产的条件扩大了人类环境的局面。”

20世纪70年代末，工业设计开始在我国受到重视。1987年中国工业设计协会的成立，进一步促进了工业设计在我国的发展。1980年，国际工业设计协会理事会给工业设计又作了如下的定义：“就批量生产的工业产品而言，凭借训练、技术知识、经验及视觉感受，而赋予材料、结构、构造、形态、色彩、表面加工、装饰以新的品质和规格，叫做工业设计。根据当时的具体情况，工业设计师应当在上述工业产品的全部方面或其中几个方面进行工作，而且，当需要工业设计师对包装、宣传、展示、市场开发等问题的解决付出自己的技术知识和经验以及视觉评价能力时，这也属于工业设计的范畴。”权威机构美国工业设计师协会（IDSA）关于工业设计的定义为：“工业设计是一项专业的服务性工作，为使用者和生产者双方的利益而对产品和产品系列的外形、功能和使用价值进行优化。”

人类社会的发展使得设计所带来的物质成就及其对人类生存状态和生活方式的影响是过去任何时代所无法比拟的，现代工业设计的概念也扩展到更大的内容和范围，我们可以称之为广义工业设计（Generalized Industrial Design）：为了达到某一特定目的，从构思到建立一个切实可行的实施方案，并且用明确的手段表示出来的系列行为。它包含了一切使用现代化手段进行生产和服务的设计过程。

设计的目的就是使人与人、人与物、人与环境、人与社会相协调，使生活更美好。工业设计和其他设计活动都是立足于解决物与人之间的关系问题，使物能在最大的限度之内满足人的生理和心理的需要。当今工业设计的概念，可以归纳其延伸和发展，得出以下几个特点：

第一，工业设计的目的本质上是满足取得“产品”与人之间的最佳匹配，然而由于工业设计所依托的科学技术和生产力的迅速发展，使得设计成果可能对整个社会产生巨大的影响力，因此，设计的目的不仅是满足个人的使用需求，更需要关注社会整体利益、人类生存环境，例如全球可持续发展战略、环境保护、历史人文遗迹保护等等。

第二，工业设计是创造性活动，包括计划构思、管理资源和最后生产执行的全过程，因此是一门覆盖面很广的交叉融汇的科学，涉及了众多学科的研究领域，有如工业社会的粘合剂，使原本孤立的学科诸如物理、化学、生物学、市场学、美学、人体工程学、社会学、心理学、哲学等彼此联系、相互交融，结成有机的统一体。

第三，随着人类由以机械化为特征的工业社会走向以信息化为特色的“后工业社会”，工业设计的范畴也大大扩展了，由先前主要是为工业企业服务扩大到为第三产业服务；由产品设计等硬件扩展到公共关系、企业形象等软件；由有形产品的设计扩展到“体验设计”、“非物质设计”、“服务设计”等无形产品的设计，设计越来越重视情感沟通和用户的各种真实体验。“工业设计”的概念逐渐为内涵更加丰富的“设计”概念所取代。

1.3 21世纪的职责：从设计师到设计管理者

在21世纪，设计决策将是影响人类环境的重要因素。设计行业正在调整服务项目的方向，例如更多地为企业提供策略性服务，以及加入企业尖端创新领域，回答企业必须设计新产品的原因。设计可以开辟一个全新的市场，一些设计事务所正向许多企业兜售他们的设计概念，有的甚至自发建立生产以及销售网络，而推广的创新产品往往可以击垮许多现有产品，并迅速垄断市场。众多国际型设计咨询公司将设计执行层面的工作外包给东欧国家和一些发展中国家，在创新设计以及产品研发上集中全部力量。由于这些转变，设计师的职业已不是简单的要求设计师从事各种设计执行活动，而是要求他们掌握各种知识、具备各种能力，肩负更多的社会责任。

布鲁斯·毛（Bruce Mau）所著的《巨大的改变（Massive Change）》中宣称设计将面临巨大的变革

工业设计史重要事件、设计运动、产品设计

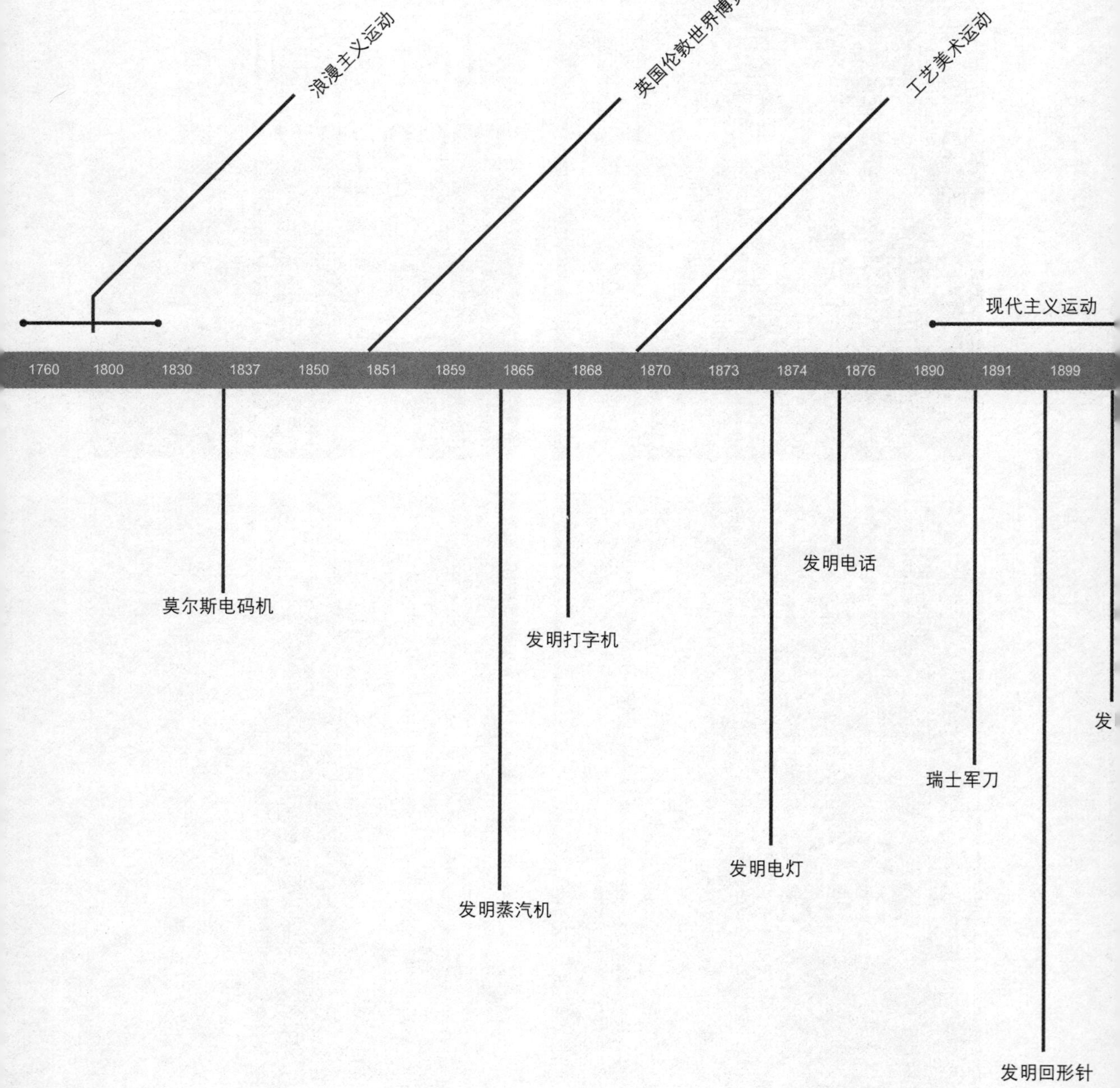

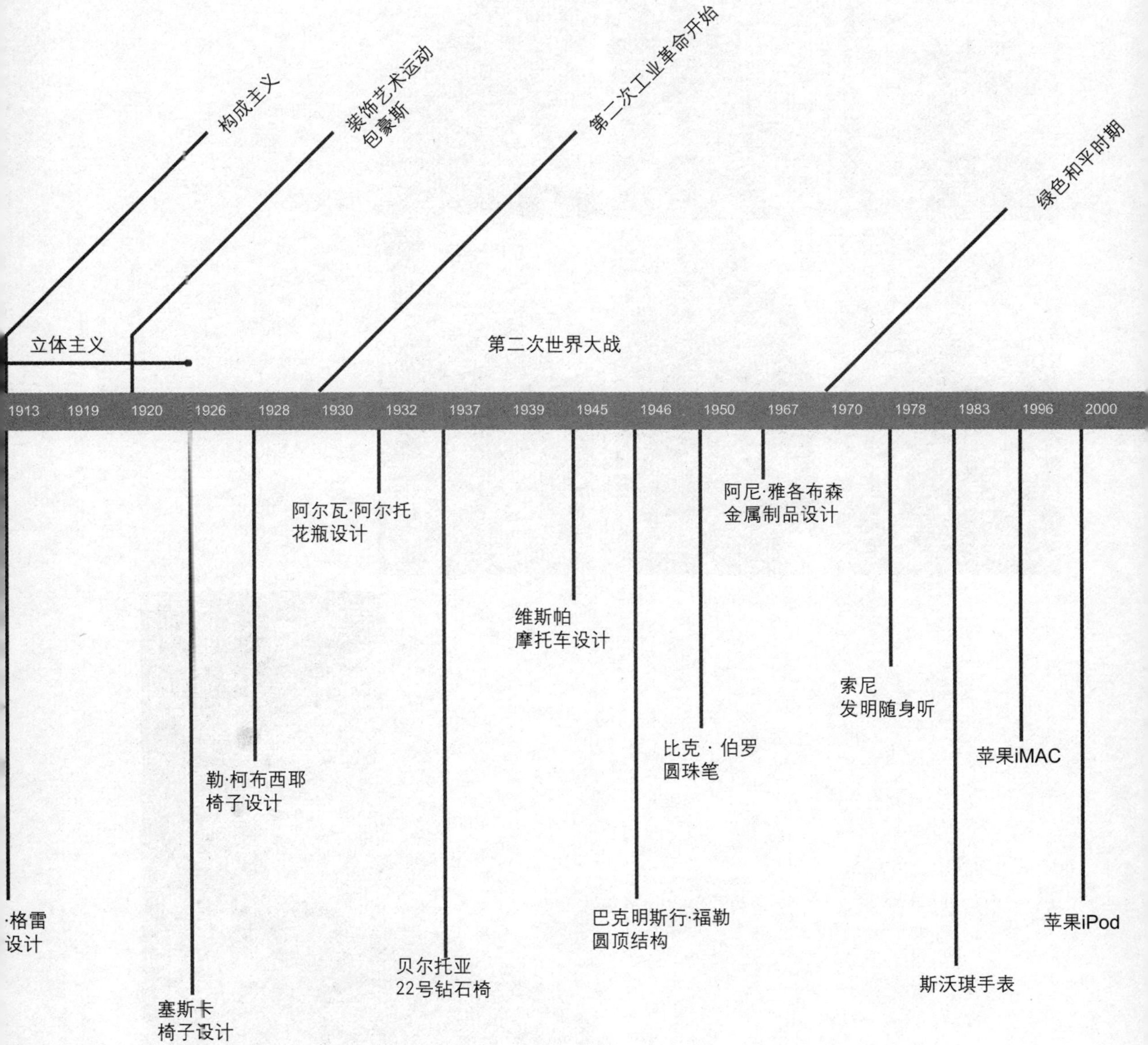

构成主义
装饰艺术运动
包豪斯
第二次工业革命开始
绿色和平时期
立体主义
第二次世界大战
1913
1919
1920
1926
1928
1930
1932
1937
1939
1945
1946
1950
1967
1970
1978
1983
1996
2000
·格雷
设计
塞斯卡
椅子设计
勒·柯布西耶
椅子设计
阿尔瓦·阿尔托
花瓶设计
贝尔托亚
22号钻石椅
维斯帕
摩托车设计
巴克明斯行·福勒
圆顶结构
比克 · 伯罗
圆珠笔
阿尼·雅各布森
金属制品设计
索尼
发明随身听
斯沃琪手表
苹果iMAC
苹果iPod

贴身型设计

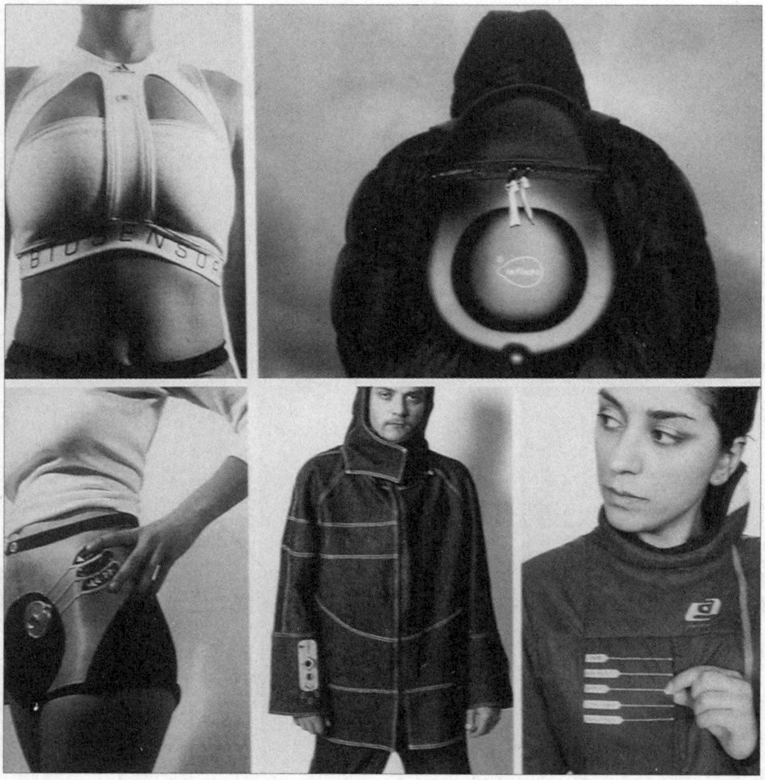

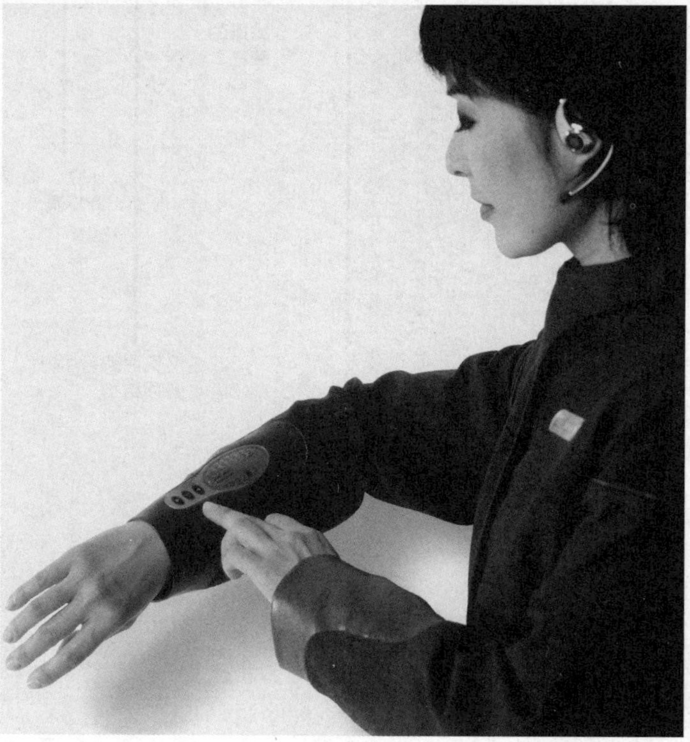

“游牧部落”，贴身电子产品系列设计，飞利浦设计中心

多功能设计

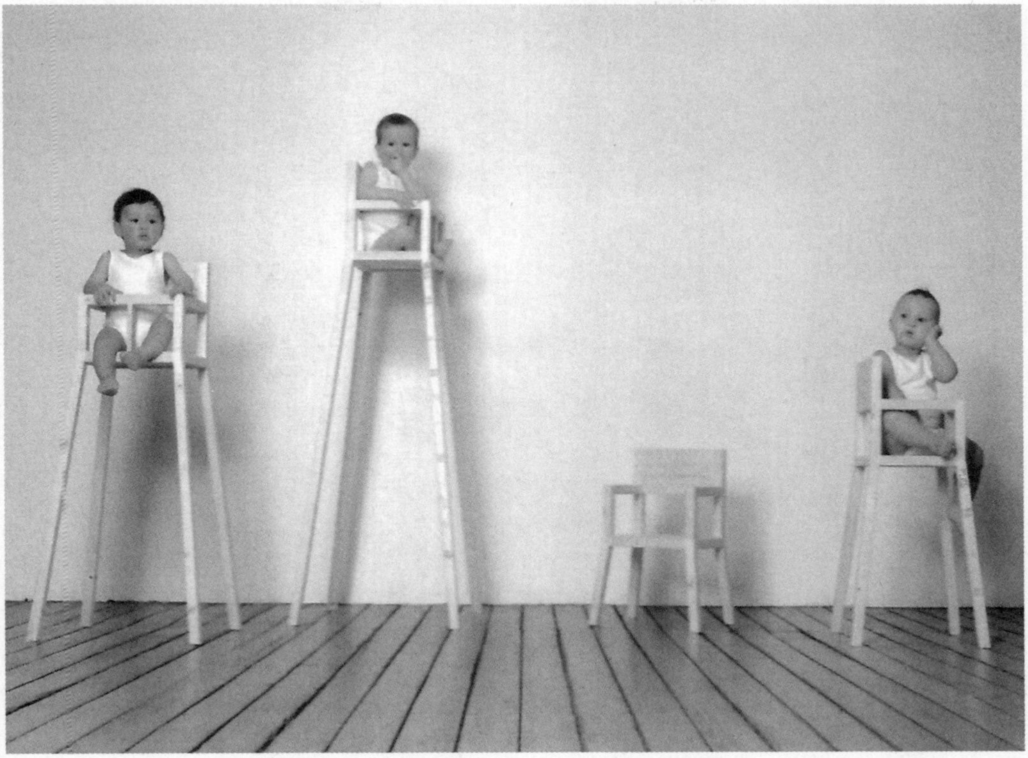

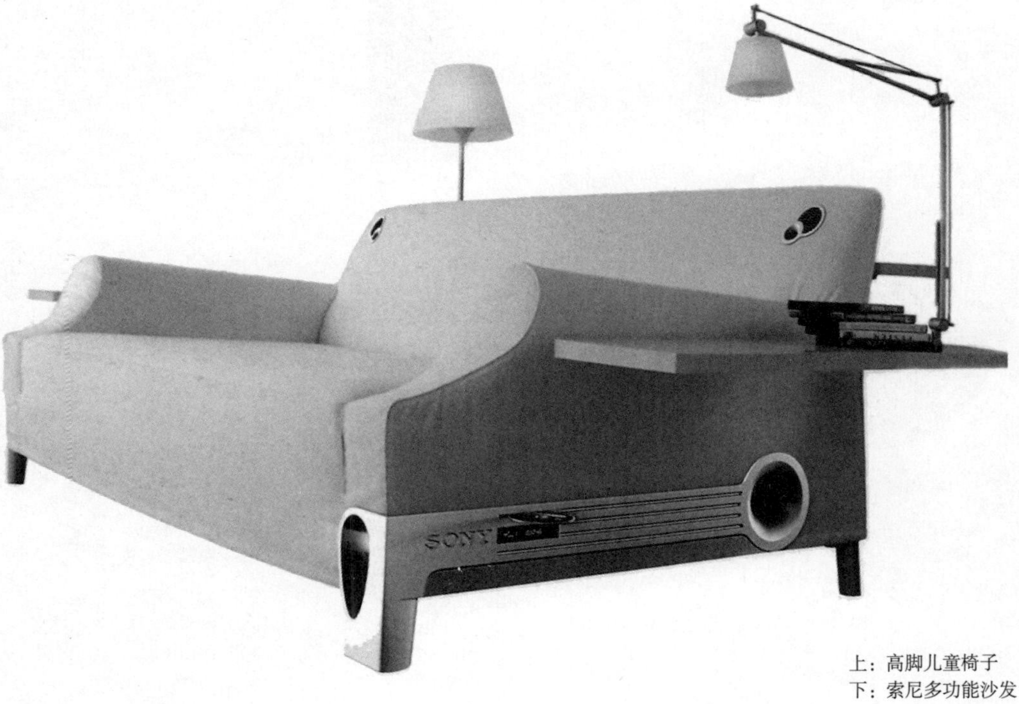

上：高脚儿童椅子
下：索尼多功能沙发

新材料与工艺设计

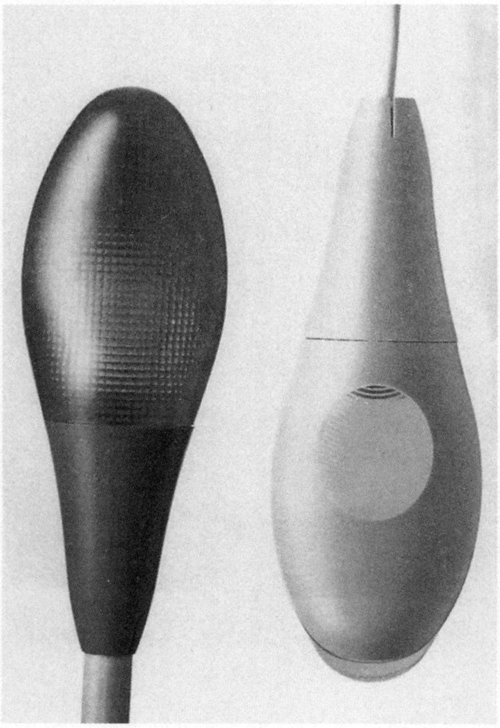

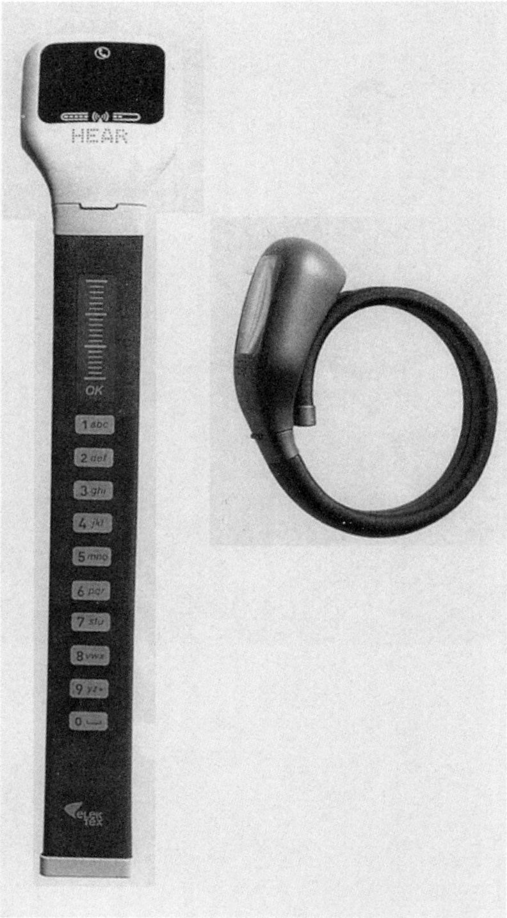

左上：灯具设计，1996 年设计，英国
右上：腕表，纺织电子产品，英国
左下：水斗

可持续设计

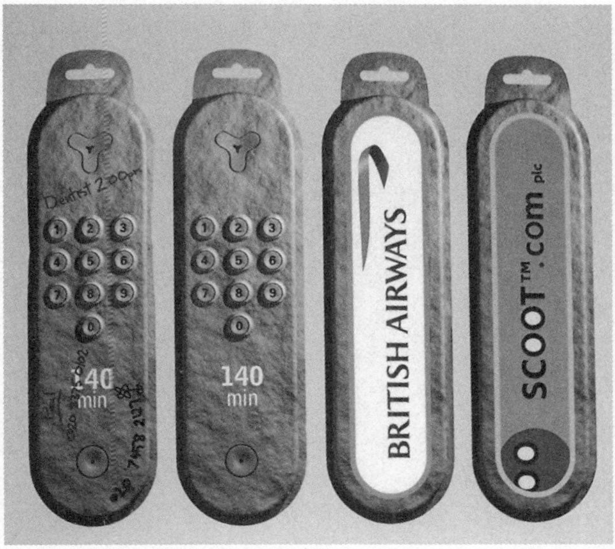

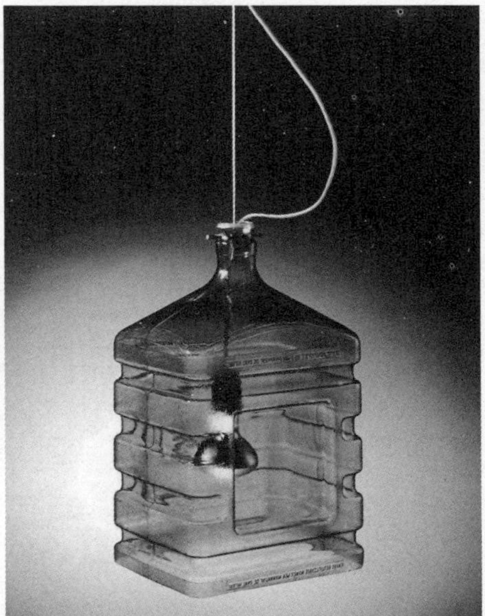

左上：抛弃式手机，材料为再生纸
左下：索尼扬声器
右上：杂志椅
右中：户外花园椅
右下：水桶灯

艺术概念设计

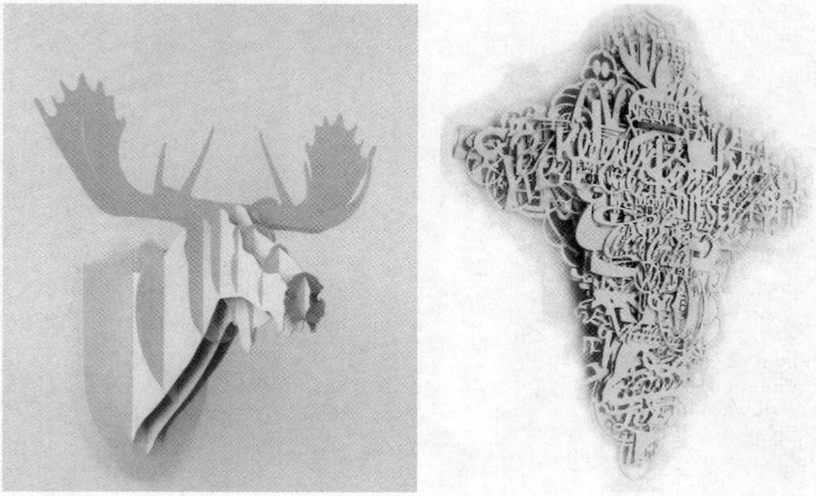

左：《动物》木质装饰
右：炫耀的徽章，由各种名牌标志组合而成，2004 年设计

1.3.1　设计专业的分类细分化需要复合型设计人才

1989 年大卫 · 沃克（David Walker）绘制的设计家谱树阐释了各种设计专业如何在发展史中派生出来，以及各种设计专业间的相互关系。设计植根于一些传统工艺技术和方法，人类很长历史时期内的设计最终用绘图、模型、特殊工艺来呈现。之后由于科技和生活水平的提高，逐渐发展出各种设计专业，设计家族成员虽是多样的，然而彼此又密切相关。

20 世纪 80 年代，彼得 · 戈尔指出，设计主要有四大专业领域：产品设计、环境设计、信息设计、企业形象设计，它们对企业经营和社会发展起到关键作用。设计专业分类越来越细分化，然而设计师个人的专业界限却比较模糊，通常根据项目定位职责，例如平面设计师也需要参与品牌策划、印刷设计、包装设计、多媒体设计，甚至是建筑设计的某些工作。

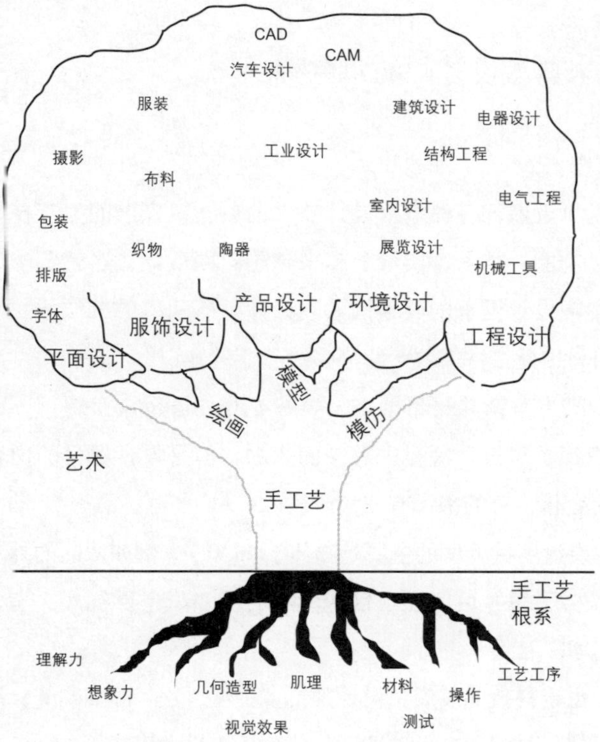

大卫・沃克设计家谱，1989 年

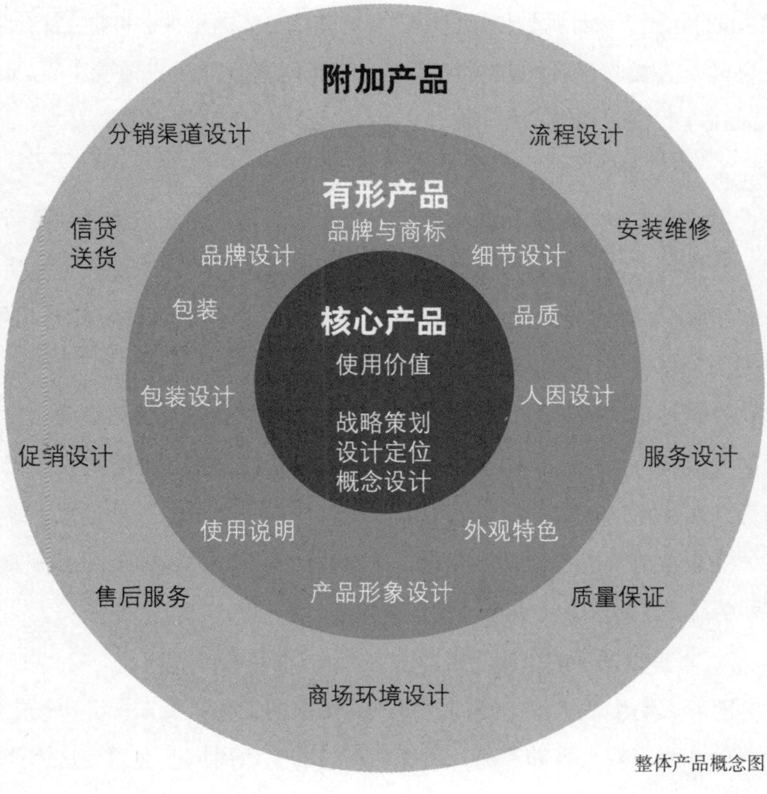

整体产品概念图

1.3.2 未来新型设计师的角色特征

1．知识型工作者

由于市场竞争激烈，各种电脑设计软件的更新，先进的生产技术使得产品在外观、功能、技术、质量上越来越趋向同质化，这就要求设计师更多地关注影响设计需求的其他因素。设计师所从事的工作不是简单的一个设计项目，因此往往需要了解许多跨专业的知识。

法国设计管理专家博嘉德墨柔塔·碧基（Brigitte Borja）提出，设计的许多专业知识都是从设计项目中总结而来的，但是设计项目的内容也是随历史发展而变化，总的来说有三大阶段。

第一阶段：设计项目关注的主要是物体（object），例如产品的外观、功能，设计师需要了解并可以在项目中引入的的知识主要有人文学、文化学、情感、艺术、社会学等等。

第二阶段：由于科技的发展，设计师更多关注过程（process），产品如何利用新的科技、材料、产品功能、价值分析、科学模式等。

第三阶段：设计师更多关注各种影响因素（actors），尤其是设计情感、设计沟通，设计师的创意过程需要的知识更多的是社会科学、社会学、人种学、人类学以及用户体验观察。从而创造新的用户体验（new user scenario），或者和用户共同设计（co-design）。

2．智慧型创造者

设计是技术、经济和文化等相互交融的产物，创意产品设计是新思想、新技术、新内容的物化形式性。设计的触角已经深入到人类生活的所有领域中，而且分工越来越细。设计活动都是为了预定目标，进行构思、计划的苦思冥想的造物过程，随着产品竞争的形势日趋激烈，对产品的文化及精神价值需求的日益强烈，未来的设计师必须是智慧型的，设计师必须具备审美能力、创造性想象能力、丰富的情感、纯熟的设计表现技巧和对生活的敏锐的洞察能力等。同时他们必须培养各种创意思维方法，创意性地解决各种设计问题，提高设计效率。设计师也须思考如何传承传统手工技艺，将其与现代技术相结合。

3．可持续发展的企业经营者

随着人们生活水平的提高，对产品需求的变化节奏加快，市场上充斥着越来越多的品牌和产品，品牌和产品的生命周期非常短，这将严重威胁企业的生存与发展。根据研究，新产品不再有 5 到 10 年的寿命，很多产品在几个月的时间内就被竞争者赶上，从而被市场淘汰。产品生产需要消耗能源、原材料，而废弃产品会污染环境。因此，延长品牌和产品的生命，降低资源的消耗，减少环境的破坏是每个设计师的职责。设计师为企业产品提供策略，除了必须了解企业经营管理、市场竞争力，更重要的是能够为企业预见可能产生的环境问题并确定防治措施，同时能够制定可持续发展的设计政策，维护企业的长远利益。“生态设计、绿色设计、可持续设计”在新世纪将成为每个设计师必须思考的问题。

1.3.3 设计师须服务于不同层面的“人”

台湾学者刘瑞芬博士提出，设计服务于“使用者”、“消费者”、“管理者”与“经营者”，构成了设计管理不同层面的功能和价值。

使用者是检验产品设计的核心。最早的洗衣机设计者没有咨询使用者，只是从材料成型工艺及洗衣机的坚固性能出发，将洗衣机设计成圆筒形状。主妇对此深感不便，因为洗衣机无法靠墙放置而占用太多空间，而且很容易有物品掉在后面。在产品设计开发阶段，如果能够做一些设计调研和咨询，会降低设计风险，使产品更加满足使用者的要求。

对于消费者而言，设计能够提升产品的品质。消费者是以直觉的主观判断来评估产品的，很少探索表面以下的事物。外观设计的审美情趣、情感沟通是吸引消费者的主要因素。另一个重要方面是购物环境设计，1973 年，菲利普·科特勒用“环境”一词阐述了零售环境设计，例如空间规划、情景状况、指示系统可以使消费者产生情感，促进购买决定。

从“管理者”角度剖析设计的组织作用，设计师是唯一有能力将营销人员、技术工程人员甚至财务人员联系在一起的人。例如设计和研发部门必须合作，不仅设计人员要了解研发过程，研发人员也必须了解设计策略活动（品牌延伸设计、家族产品规划设计等），这样才能使得设计过程更有效。生产制造是设计组织中最具整合性的实物工作之一，生产制造需要许多设计配合，包含：

1. 草图、制图、产品规格以及设计方案。
2. 产品和组装过程的细部了解。
3. 估计制造成本、产量及上市时间。

英国设计协会指出，设计师不仅要充分了解市场的需要，最好也能了解企业的生产能力和材料供应，不论是哪种设计项目，当设计核准生产时，设计师有责任提供详细、明确的设计指示。另外，财务部门也需要了解设计预算中的成本，包括：

1. 直接成本，指整个设计服务的成本。例如设计师的人数、设计计划的延续时间、所需的模型数目、原材料成本以及相关设备的支出。

2. 制造成本，指经由设计后所制造出的成品的各项费用。设计外观的最后阶段，规格化的外形与色彩以及相关设计细节都可能使生产成本增加。

3. 时间成本，即完成设计程序所花费的时间。不断地修正与重复设计和制作模型，这些都可能导致花费更多时间而使产品延迟上市，从而导致时间成本增加。

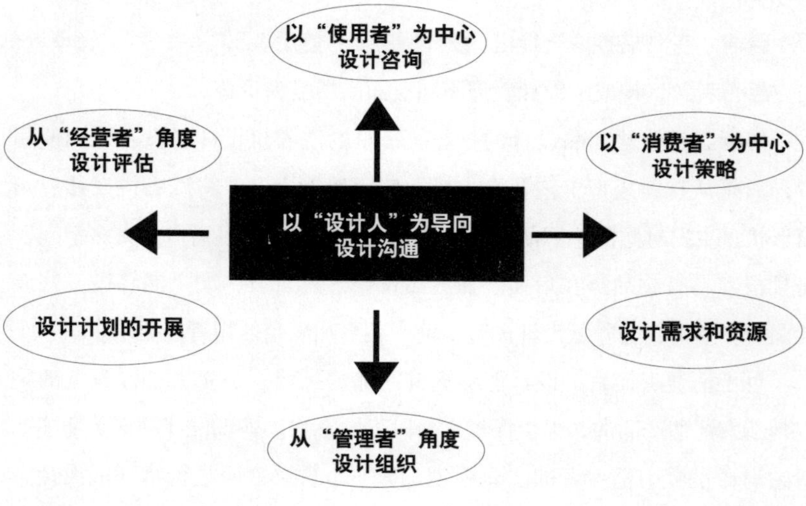

设计管理程序图

层次	特征
使用者的层次	亲身体会产品的实际存在，并且能够给予产品相关的设计咨询，具有对产品“实用功能”的全面认知。
消费者的层次	亲身体会产品的感觉层面，并且能够对产品提出相关的设计策略建议，具有对产品的“审美功能”的认知。
管理者的层次	亲身体会产品的需求层面，并且能够理清产品在设计组织中的横向与纵向关系，把握产品的各项功能尤其是“经济功能”。
经营者的层次	亲身体会到产品的社会层面，并且能够给予产品相关的设计稽核的建议，具有把握产品“象征功能”的优势。

设计的服务层次

所谓经营者，是输入、经销商品或提供服务的营业者，“经营者”要求设计者解决以下问题：

1. 提议的设计如何实现企业的财政目标、法律目标、运行目标和管理目标；

2. 设计生产出与企业竞争策略一致的产品与服务；

3. 设计如何提高企业竞争层次（如质量、服务、价格）上的声誉；

4. 设计如何有助于企业或部门的关键绩效目标的实现；

5. 提议的设计是否需要开全新生产线，或者该设计的产品能否由现有的部件或现成的弃置不用的部件集装起来；

6. 设计程序是否按计划进行。

另外，通过设计评估，提交评估报告，可以促使经营者重视设计效果，增加必要的设计投入。设计评估的主要内容包括：

1. 设计单位是否达到设计计划中所定的目标；

2. 最终的设计效果是否能够支持企业的既定竞争性策略；

3. 设计程序是否按计划进行；

4. 设计工作的目标公众是否欣赏最后的设计方案；

5. 设计评估不应只是事后检查的传统做法，而须在事前针对策略内容进行弹性的调整，并对设计评估主题加以确认，避免设计评估的执行流于形式化；

6. 以投资回报、销售量和市场占有率为维度，衡量产品在市场的表现情况。

阅读资料

IBM 的设计原则

IBM（国际商业机器公司）前任总经理小托马斯·华生在《设计管理的艺术》一书中写道：“设计是 IBM 成功的主要原因。在 IBM 公司，我们并不认为好的设计能使产品由次变好，但我们坚信好的设计能在客观上有助于使一件好的产品充分发挥其潜力。简而言之，好的设计意味着好的企业。”

IBM 的首要设计原则是强调要根据消费者的需求和愿望来决定是否有必要进行原创设计。这个过程包括对用户背景和技术背景的综合考虑。

它还要求在拟订任何一个设计方案前要有一个对消费者模式的明确表达。这种原则被运用到后来所有的 IBM 的实际项目中。比如：当我们重新设计我们的个人电脑和服务器时，我们进行了人种学方面的研究，以便更好的了解人们如何通过我们的产品相互交流、工作。我们检查了我们的制造、改良和发行流程，我们还与消费者和合作伙伴进行了多次研究以获得肯定或改进我们的设计成果。

这条原则的运用与我们的设计形象或传播语言有关，重点仍然是强调纯粹的几何图形，简洁、高雅和人性化的外观，有时还以异想天开的古怪形式出现。通常，设计的结果给人一种有力、可靠和一致的印象（如 IBM 电子服务器电脑家族所示）。无论风格和个性品质如何，IBM 的设计结果总是通过一种特意的形式反映它的可靠和确切。这与今天充斥于市场的外形花哨的设计形式形成鲜明的对比。这类产品外观吸引人，但却不具备持久的价值。消费者告诉我们，我们的电子服务器无论外观和功能都能达到尖端商用机器的水平。与同类竞争者的产品相比，我们的产品更容易安装、维修、升级和维护，他们将 IBM 的设计和功能都列入优先等级。

IBM 相信，市场成功的“甜头”是一直存在的，只要你为消费者创造更简单易用的产品，简化他们的生活，让他们在使用你的产品时感觉良好，就能使得产品超越其他同类产品而独具特性，同时还能建立良好的信任度，允许更多的差别存在，使竞争不再局限于价格。

IBM 最后一条设计原则关系到“视觉”。转变思想，筛选所有有关于顾客希望的所有可能的、新兴技术工具与信息，来创造一个未来的远景。汽车工业称此为“概念汽车”设计，或超前设计。正是这一过程和应用原则形成了如 IBM 的可穿戴电脑或电子报纸这样的设计项目。电子报纸提供具体全面的电子商务激活设备，它的原形描述了未来可能出现的电子信息的恢复系统，所有信息都来自各种出版物，而这些出版物都由单一的信息中心发行。这个概念还描述了一种灵活的显示仪，与玻璃薄膜显示器不同的是，这种显示器由 IBM 新一代系统技术创造。其他的技术，如内置声音、高密度微型驱动储存库、蓝牙无线通讯和微型光电浏览器等，都促成未来设计概念的形成。我们相信，顾客希望能与一家能帮他们实现这些前所未闻的新兴技术的高科技公司合作。同时，通过创造这种未来远景，我们鼓励人们创造他们的自身价值，成为努力付出的新一代。我们积极关注这些原则，从而使得 IBM 重获它丢失了十几年的设计领袖的宝座。这个成功还归功于其他几个因素。第一，IBM 设计组织的改革。让设计师负责市场销售，所以设计决议的评估可以在消费者的背景中进行。第二，我们内部设计师兼外部顾问的技能。新委派的 IBM 设计管理人员、IBM 内部“最优”设计天才、我们公司顾问的领袖——理查德·萨泊（Richard Sapper）功不可没。在今天的 IBM，设计师已经重塑了信任度，还推动了为 IBM 作贡献的新一代的成长。这一点证明，通过管理设计，能促使设计不但有益于 IBM 的顾客，也有益于 IBM 企业自身的生存与发展。

下面是 IBM 公司针对 Thinkpad 笔记本电脑及设计的管理设定目标：

思想统一：注视设计，观察企业。

笔记本电脑 Thinkpad：使用者友好的表达，思考每一个人，思考无形，感知乐趣。

微笑计划：我们要看到每一个人的微笑！

本章重点

“设计”一词来源自于拉丁语“designare”，有两层含义：设想（idea）与计划（plan）。设计作为一个名词可以表示一个静态的计划、方案、目的、观念等结论，而作为动词则包含一些动态的活动或者过程，如制定计划、绘制图样等等。设计理论的发展是由于人类设计项目的日益复杂化，人类设计项目随着历史的变化而变化，传统工业设计项目的核心是产品设计，伴随着历史和科技的发展，工业设计内涵的发展也趋于更加广泛和深入。

在 21 世纪，设计决策将是影响人类环境的重要因素。设计师的职业已不是简单的要求设计师从事各种设计活动，而是要求他们掌握各种知识、具备各种能力，肩负更多的责任。首先，设计专业的分类细分化需要复合型设计人才。其次，设计师必须学会如何面对各个层面的“人”的要求。设计服务于“使用者”、“消费者”、“管理者”与“经营者”，构成了设计管理不同层面的功能和价值。

未来新型设计师的角色特征包括知识型工作者、智慧型创造者、可持续发展的企业经营者。

课外讨论

1. 回顾工业设计史，你认为工业设计概念有何变化和延伸？
2. 结合本章内容谈谈你认为设计管理者与设计师有何区别和联系。

第二章

设计管理的起源与基本概念

2.1 设计管理的起源与发展

2.1.1 英国设计管理的发展

设计管理这个名词起源于20世纪60年代的英国。1965年，英国政府为了鼓励一些企业管理者对企业设计效率所作出的贡献，设立了RSA（英国皇家艺术学会）设计管理奖，从此“设计管理”这一名称被正式启用。这反映了随着当时英国设计地位的提高，设计咨询业的服务范围也不断扩大，不仅提供更多的产品设计咨询，也出现更多的企业设计战略的制定，业界已经非常关注系统化设计方法。

20世纪80年代，英国政府发现英国出口产品数量与50年代相比有很大的下滑，通过调查分析发现许多企业对设计资源没有很好的利用，设计和企业管理以及生产没有有效结合。因此政府在1981年成立了由工业设计师组成的研究设计管理的团体组织，伦敦商业学院率先将设计管理列入了MBA（工商管理硕士）课程中，英国设计协会也发表了一系列课程。之后不久，英国大部分工商学院和设计学院都相继开设了设计管理课程。

英国设计协会成立于1944年，它是一个独立、非营利的公众机构，是推广商业、教育，以及政府本身有效运用设计和设计思考的组织。它

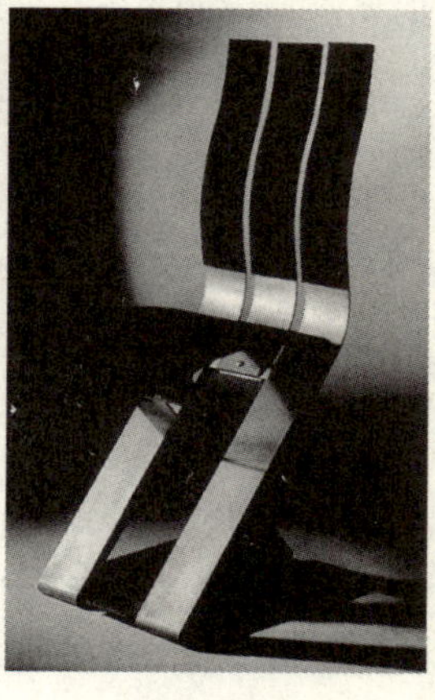

左：学校用椅
中：好心情椅子
右：等候椅

的功能非常庞大深入，比 1997 年英国首相布莱尔成立的创意产业特别工作小组更早地把创意产业作为一种国家产业政策和战略规划、并且更实际的组织。协会深入校园推广设计技能，为产业建立良好的人才供应链，甚至把创新概念带入教室环境，协助教师帮助学生释放潜能。同时，协会协助英国的科技产业用设计的手段把创新的科技改造成成功的商品和服务。更神奇的是，协会帮助传统制造业在生产线搞创新，发展更好的产品，开拓更好的市场。它将英国分为几个区，以区域经济自治的方式协助各区推广设计。同时，它为企业管理阶层以及设计师提供高价值的设计方面的信息和服务，协助他们更好进行地设计决策。

百分比	通过设计给企业带来的利益
91%	改善了企业的形象
90%	改善了产品质量
88%	提高了与顾客的沟通效果
84%	增加了企业的利润
80%	帮助企业开拓新市场
70%	降低产品价格
69%	改善内部沟通渠道

设计给英国企业带来的效益

设计咨询业在英国的发展是较为成功的。英国政府认为，设计咨询业是创意产业中有潜力成为竞争性的优势行业的部分，而且近年来发展速度较快，根据 2001 年的《英国设计现状调查》和设计商业促委会 2001 年的《产业调查》显示，当时英国的设计咨询公司大约有 4000 多家，其中大部分是小公司，有 34% 的公司员工不到 5 人，只有 10% 的公司员工超过 50 人。

以下是英国设计委员会 2005 年的统计。其时英国设计咨询公司已达 12450 家，设计从业人员 185500 人。英国设计业的蓬勃发展由此可见一斑。

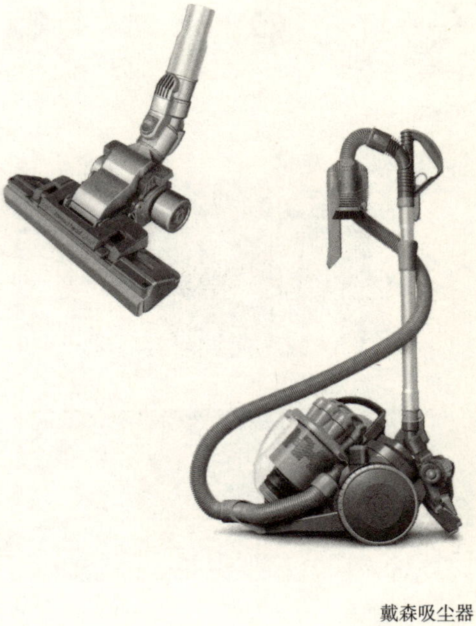

戴森吸尘器

2005 年英国设计行业的统计
设计从业人员 185500 人
12450 家设计咨询公司共 60900 名设计师
自由职业设计师 47400 人
77100 名企业内部设计师（来自 5900 家大型企业，员工多于 100 人）

2005 年英国设计行业的统计表，参见《设计行业（The Business of Design）》设计协会研究（2005）

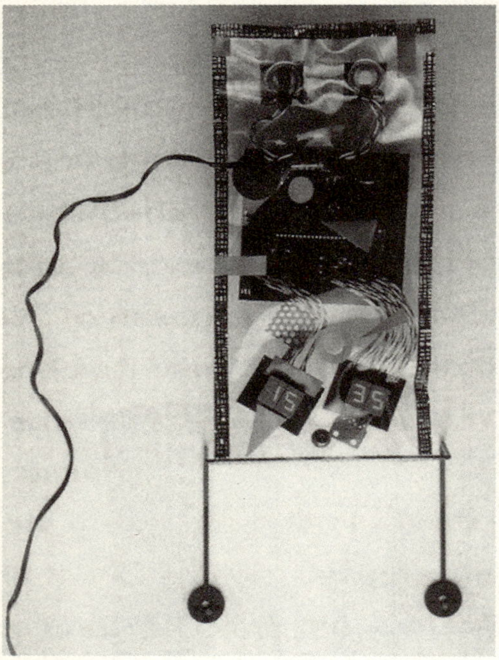

数码钟

存贮架

高级办公桌组合

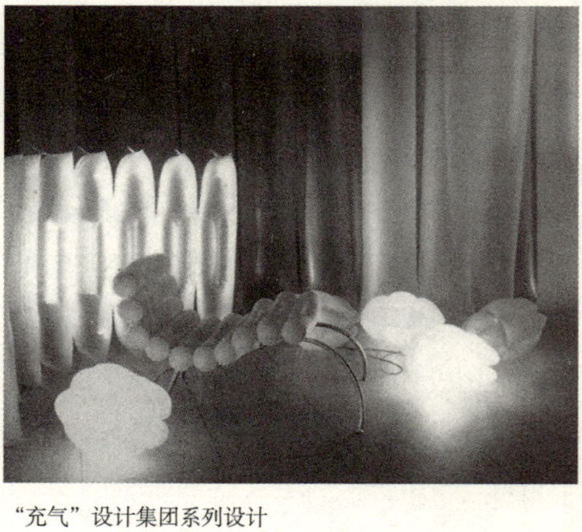

“充气”设计集团系列设计

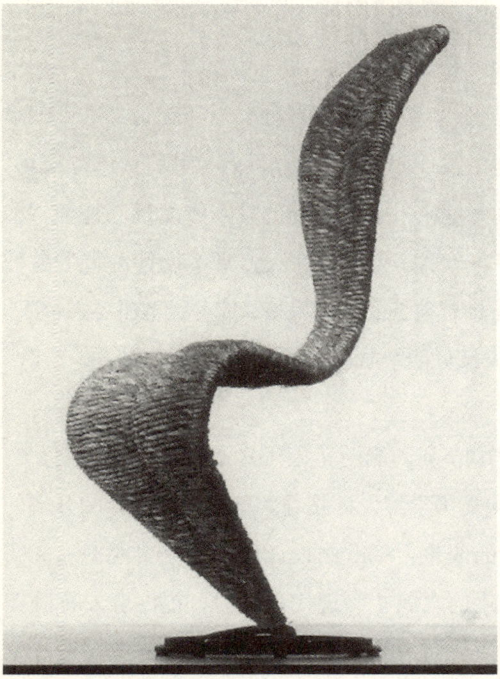

S 椅

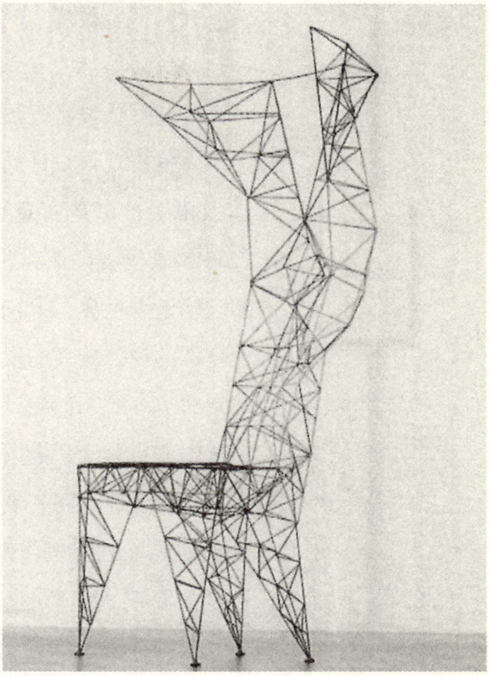

标塔椅

胖人椅

鸟型椅

2.1.2 日本设计管理的发展

日本的现代设计发展尤其令世界瞩目，20世纪50年代初，结束朝鲜战争后才发展现代设计的日本，仅仅用了十几年，其产品就打入国际市场。70年代欧美的制造商开始为大量流入本国市场的日本产品忧心忡忡，80年代日本取代美国成为汽车生产第一大国。今天，日本设计制造的各种产品已畅销全世界，日本设计具有独特的本土风格，其发展迅速令人惊叹。

日本的设计管理的发展大概分四个阶段：

1957年～1967年

日本的设计管理起源于1957年，当时正处于日本经济的增长期，有许多活跃的设计顾问，主要向美国学习设计技巧。日本现代设计的开端，是全盘接受了欧美现代设计的成果，把欧洲设计的式样完全照搬过来。日本设计界在“拿来主义”式的发展本国现代设计时，很注意发挥欧美国家的长处而避免其短处，如他们的汽车设计就吸取了美国汽车设计发展过程中注重形式忽视质量的教训，走的是欧洲汽车讲究功能、注重产品质量的发展道路。

1967年～1977年

日本开始以主人翁的姿态出现在国际设计舞台上，开始通过举办国际设计会议、产品出口展览等活动把他们的设计推向世界。他们的电器、汽车和相机以精良的质量、高品质的外形设计和低廉的价格迅速打入国际市场。产品设计呈现多样化、多品种的趋势。许多企业的设计部开始拓展，同时开始组建独立的设计公司。

1977年～1987年

世界面临能源危机，日本的一些企业相继推出了“提高产品质量、降低生产成本”的产品开发战略和“低价销售”营销战略，因此企业非常重视如何节约材料和能源，如何提高“设计效率化”。设计市场出现了设计咨询公司，他们不再是顾问，而是成为客户公司的转包商。企业管理者通常非常强调对设计过程的日程管理、标准化以及与提高设计品质有关的管理活动，并在这些方面需要设计咨询公司的建议。欧美国家的设计师和制造商已明显感觉到了来自东方岛国的威胁，纷纷采取不同的措施提高自己的销售额，美国甚至以提高进口关税来阻挡日本汽车对美国汽车工业的威胁。1981年，日本成立了设计基金会，组织国际设计双年大赛和大阪设计节，日本继欧美之后，已成为国际设计新的中心，

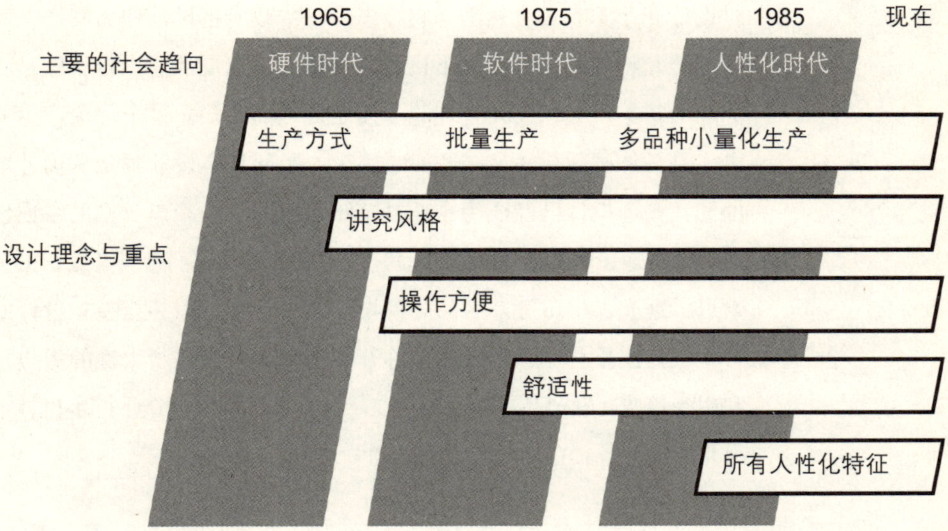

日本理光公司的设计理念变化

日本设计也得到国际工业设计界的认可。

企业	设计人员数量	设计口号
丰田汽车	430 人	“设计协调人的需求和机器设备之间的关系”（the means of harmonizing human needs and mechanical requirements）
理光公司	34 人	“人情味的技术”（technology with human touch）
夏普公司	200 人	“方便使用第一”（priority on easy operation）
索尼公司	300 人	产品计划中心，与推销、工程、销售部门密切联系，并开始产生概念产品，这是索尼在设计上首开先河的贡献，不再单纯使用设计人员做外形工作，即追求产品附加价值（adding value），要求他们从产品开发入手。

日本企业 80 年代设计部门规模与设计理念

1987 年至今

90 年代，日本产业经济的高速增长已经结束，各行业缩减职员人数，此时的设计受到严重的影响。大部分设计师不是转行就是成立独立的设计公司，因此促进了许多独立设计事务所的兴盛。1995 年日本国际贸易和经济产业部在国际贸易管理局成立设计政策室，这一政府组织的设立对设计产业具有重大意义。它标志着日本政府把设计作为其产业政策的一部分，特别是作为提高出口的重要手段，把设计业本身看做是日本服务业的基本产业，设计管理趋于发展成熟的阶段。这个现象产生的原因之一是经济国际化，另一方面是因为大量的日本设计师是从国外留学回国的，日本设计已经成为企业复杂结构中的一个难以分割的组成部分，设计师的地位也大幅度提高。设计与企业的各个部门都具有密切的关系。索尼、理光、丰田等知名品牌都设立了设计部门，甚至独立设计中心。日本极为注重利用科学技术来弥补他们现代设计起步太晚的劣势，注意利用新科技开发产品，索尼公司在产品开发过程中创造了许多世界第一，由此而提高了其在国际市场中的竞争地位。

年代	管理特征	经济特征	设计特征
1957 ～ 1967	设计管理的诞生	经济成长期，建立产业现代基础	需求急速增加，产品设计，家电、车辆、设备设计
1967 ～ 1977	设计管理的充实	经济高度增长，产品多样化、机能化	工厂工程设计、系统设计、产品多品种、多样化
1977 ～ 1987	设计管理的展开	经济低增长期，节省能源，降低成本，提高产品质量	产品轻、薄、短小、标准化，办公设备自动化，软件设计
1987 至今	设计管理的发展	经济全球化、高度信息化	研究开发与设计，市场定位设计，CIM（电脑整合制造）、CAE（电脑辅助工程设计）、AI（人工智能）、产品高附加价值设计

日本设计管理发展的特征

2.1.3 中国设计管理发展的迫切需要

激烈的市场竞争是工业设计成长和发展的必要前提和条件。改革开放以来，尤其是社会主义市场经济体制确立以来，我国工业设计在经历了曲折和艰难之后，逐渐走向了健康发展的道路，取得了令人瞩目的成绩，为推动国民经济的发展和提高人民的生活水平作出了重要贡献。与 20 年前相比，中国设计的产品在国内外市场上已经有了较大的竞争力。特别是在家电、通讯、家具等市场上，中国设计已开始崭露头角。但是，由于企业在产品创新方面的投入不高、知识产权意识薄弱、设计师的能力有限等原因，工业设计的总体水平和能力与国际先进水平相比，尚有较

索尼 CD 随身听

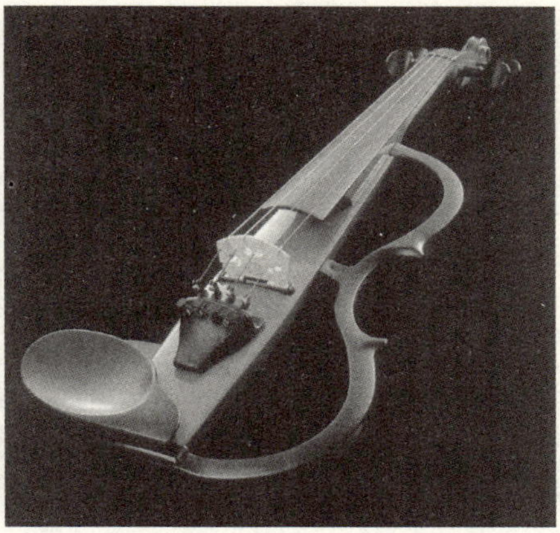

雅马哈电子提琴

夏普便携式 MD 播放器

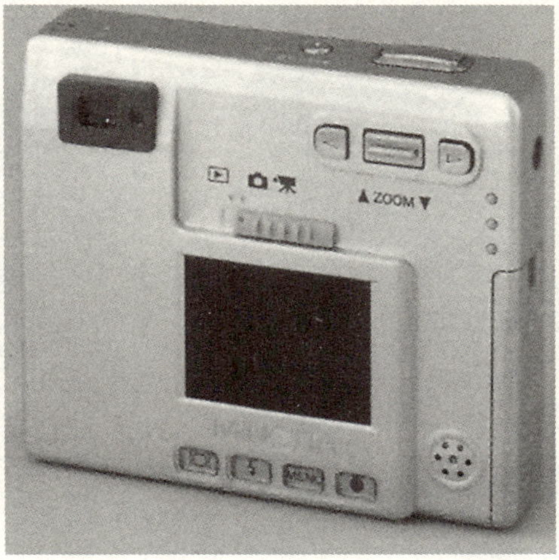

美能达 Dimage X 数码照相机

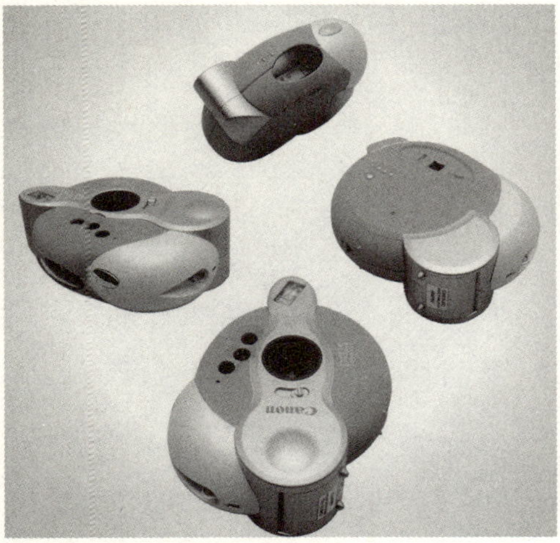

佳能 APS 压缩式照相机

富士通，Finepix 4800，数码照相机

纸月亮灯

月亮扶手椅子

扶手椅子

扶手椅子

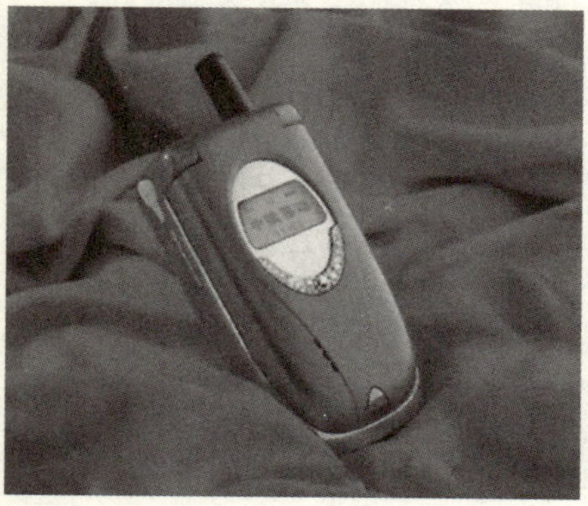

手机

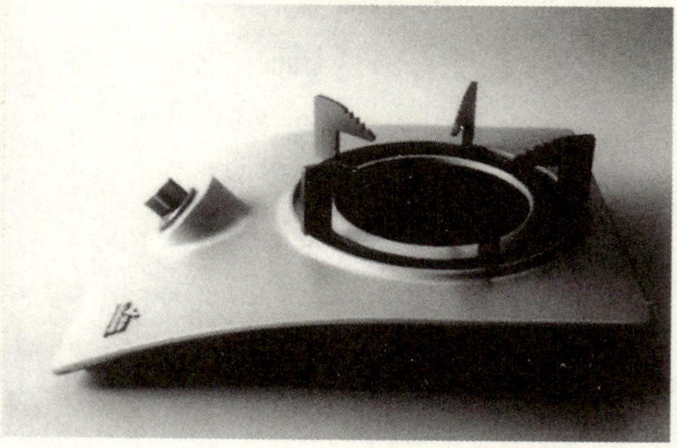

煤气炉

大的差距。2003 年 7 月 7 日，美国《商业周刊》的封面上有一条令人瞩目的标题：中国将引领设计吗？（Will China Dominate Design？）而在本期文章中还有一篇更加煽情的文章——《是意大利设计吗？不，是中国设计》（Designed in Italy？ No，in China）。似乎中国的设计，尤其是工业设计一时间成了世界关注的焦点。其实，《商业周刊》的文章对中国设计的评价是相当客观的。尽管中国的工业设计已经取得了长足的进步，但从国际的角度来看，仍然处于初级阶段。到目前为止，大多数的工作还仅停留在为现有的产品设计色彩和造型上。中国是出口商品大国，但不少为中国本土生产的产品都是从其他地方拿来的设计，离中国引领设计还有很长的路。

目前，我国工业设计的主体是企业。几乎所有大中型制造企业都建立了各自的工业设计部门，为本企业提供设计服务，或者负责企业的设计管理工作。由于所处的行业不同、生产的产品类型不一样，企业工业设计部门的规模不等，工业设计在企业中的地位和所起的作用也有所不同。随着经济的全球化，跨国公司如摩托罗拉、通用汽车、伊莱克斯、LG、松下电器等纷纷在中国设立自己的设计部门，并致力于设计师和设计本身的本土化。与此同时，本土企业也开始在国外设立工业设计部门，为国际市场服务。由于行业的多样化，产品开发设计的层次不同，目标市场各异，不同企业对工业设计管理人才的要求有很大的不同，设计管理教育必须要以多样化的定位来满足企业的要求。现阶段中国公司对设计管理的认识水平有待加强和学习，对于设计战略及完整的设计流程也仅限于一知半解。只有通过鼓励创新及巧妙地运用设计的力量，才能提升企业对设计的重视，进而达到设计意识水平的提高和设计管理的实践。

IBM 前任总经理小托马斯·华生曾说过，“好的设计意味着好的企业（Good Design means Good Business）”。作为企业管理的一个重要组成部分和企业创新的重要手段，设计管理在西方发达国家的发展已经基本成熟，而在中国，设计管理也开始引起设计教育与学术界的关注。一些著名院校和独立机构举办了很多设计管理的国际交流活动，清华大学、交通大学也纷纷开设了设计管理研究生课程。2002 年，清华大学成功举办了首届清华设计管理国际论坛。2006 年，又联合欧洲及中国八所院校成功举办第一届 D2B 上海国际设计管理高峰会议，主题是 D2B（Design to Business），旨在“通过设计创造商业成功”。如何将管理者与设计者紧密结合起来，使企业可以通过设计具有相当的竞争优势，是这次国际级会议需要解决的主要议题。这次会议大大促进了设计管理学科的国际交流和国内推广发展。为增进国内外设计界、教育界和产业界的交流与合作，将更多的国际设计管理经验引入中国，“2009 清华国际设计管理大会”于 2009 年 4 月在清华大学召开。这次大会以中国经济向全球最主要角色的转换为主题，在将国际设计管理的经验传达给中国的同时也为西方了解中国提供了平台，大会论坛成为国内外各企业、院校、设计机构交流与合作的催化剂，吸引了全球数十家设计相关院校、企业共同参加。

虽然设计管理的教育与国际交流在我国蓬勃发展，但我们必须认清，我国现代设计发展历史不长，大部分企业对设计管理还不够重视，在未来发展中，企业会越来越多的意识到设计对企业生存发展的重要性。品牌大师银线联盟主席缘师道提出设计和创新的重要性正得到更多的西方公司的关注，这将把设计管理提升到一个新的高度，设计总监将直接向公司最高层汇报工作，有的设计总监还当上了公司的董事。他认为预计 20 年后大部分中国企业都有独立的设计部门，甚至建立独立的设计中心，有的企业为了拓展国际市场，会将其设计中心设立在海外，而一些国外企业也早已陆续在我国设立研发中心，中国已经开始极缺设计管理人才。

2.2 设计管理的定义与范围

当被问起什么是设计管理时，我们通常容易混淆概念。一种观点是认为设计管理是管理一个设计项目的整个过程，另一种观点认为设计管理是教育设计管理人员有关企业管理的知识，或者教育管理者设计方面的知识。

如果将设计与管理这两个概念组合在一起，变成设计管理的时候，从不同的角度去理解，则会产生多种不同的字面意思。可以是对设计进行管理，也可以是对管理进行设计；可以是对产品的具体设计工作进行管理，也可以是对从企业经营角度的设计进行的管理。然而不管怎样，设计管理已经发展为一个新的学科，有着特定的内容与规律，越来越多地受到企业界、设计界和经济学界的研究和重视。

在设计管理理论的发展过程中，许多学者、专家以及企业管理者给予设计管理不同的定义。1966 年，英国设计师迈克尔·法里在他所编著的《设计管理》一书中首次提出设计管理的定义：“设计管理是在界定设计问题，寻找合适设计师，且尽可能地使设计师在既定的预算内解决设计问题”。这个定义显然是站在设计师的角度提出的，开始显现出设计师参与商业设计时需要界定问题、控制成本、组织设计人员的一些基本管理因素。之后众多中外专家对设计管理的内涵提出各种不同观点，并从各种受众角度出发，赋予设计师各种新的管理特征。

1984年，伦敦工商学院教授彼得·戈尔从企业管理者角度出发，阐述设计管理为：管理人员为了追求公司目标，有效地分配公司内可以运用的设计资源，并提出企业四大主要设计资源为产品设计、环境设计、信息设计、企业识别设计。企业所有设计资源必须以企业识别设计为中心和依托。彼得·戈尔的理论明确阐明了：一，设计管理必须有明确的目标；二，设计管理是计划的过程；三，设计管理这一过程是在组织形态下运作的；四，企业必须了解并合理利用设计资源。

1989年设计师钟（Chung）提出了三层级观念的设计管理：一，在操作层级的设计项目管理；二，在战术层级的设计组织管理，包含公司内部设计组织与外部的设计顾问公司；三，在策略层级的创新管理，包括公司印象识别、公司设计策略、公司产品识别与色彩计划等。其设计管理的内容已涉及公司层次和项目层次不同范围内的管理内容。

瑞典工业设计基金会总裁认为，设计管理者应该尽力在董事会会议上提出设计战略并加以讨论，然后争取执行和交流。设计管理尽量让组织各个层次的员工都能理解和意识到，即使是在最小的决策中，有意识的行动在设计管理中均处于中心位置。设计管理在企业所有地方和情景下都起作用，帮助企业组织通过其结构、产品和员工对客户经验和产品质量作出决策。这一观点说明了设计管理对企业经营决策的影响力。

巴克曼·米勒（Bachman Miller）集团总裁表示，设计管理除了对有形“产品”制造者起了监督的作用，真正的价值在于设计管理能够协调和孕育共享价值和现实，这样就能够使组织资源和资产不断地满足千变万化的消费者和商业需求。

美国设计管理协会董事长鲍威尔更关注终端用户即使用者，定义设计管理为“以使用者为着眼点，进行资源的开发、组织、规划与控制，以创制有效的产品、沟通与环境”。

20世纪70年代英国设计管理专家彼得·戈尔曾指出：教育设计师具有管理方面的知识和教育管理者具有设计方面的知识，是结合设计与管理的两大前提，当时他就提出要让设计专业的学生和管理学院的学生、工程专业的学生共同探讨设计创新、设计效率的问题，要培养学生利用设计创新来解决现实中的各种具体问题。

在英国和美国的一些设计管理课程由此大概可以分为两种类型：一种是把设计管理列入现行管理课程的一部分，偏重于设计，这是属于管理系科的。另一种是将管理注入设计课程中，偏重于管理，这是设计学校开的，其目的让学生了解和掌握：1. 影响创造和创新的环境要素；2. 产品与生产、设计之间的相关性；3. 设计程序，并对设计提供资源系统；另外还有工业创新与工业设计师所从事工作的性质，以及与设计相关的各种法律保护等。

因此，设计管理作为一门新学科的出现，既是设计的需要，也是管理的需要。设计管理的基本出发点是提高产品开发设计的效率。对设计师来说，设计不是艺术家的即兴发挥，也不应是设计师的个性追求。在现代的经济生活中，设计越来越成为一项有目的、有计划，与各学科、各部门相互协作的组织行为。

设计需要建立在企业的经济基础、工艺水平、生产条件的基础之上；设计需要依据市场环境；设计必须符合企业发展总体战略的要求；设计必须符合社会化大生产、市场规律及相应的指导方针、设计准则的要求。另外，具体的设计工作，必须结合企业自身的特点进行管理，进行资源管理、组织管理、计划执行以及评估反馈。

缺乏系统、科学、有效的管理，必然造成盲目、低效的设计和没有生命力的产品，从而浪费大量的时间和宝贵的资源，给企业带来致命的打击。不了解设计规律和特点的管理，以及对设计管理的不足，都会导致企业其他各项管理工作的不力。

综上所述，设计管理的研究目的是如何在各个层次整合、协调设计所需的资源和活动，并对一系列设计策略与设计活动进行管理，寻求最合适的解决方法，以达成企业的目标和创造出有效的产品（或沟通）。

刘瑞芬综合了 33 个中外专家的观点，将设计管理解释为一种管理程序的发展过程，其内容作概括性分类为：

1. 进行设计咨询
2. 拟定设计策略
3. 设计需求和资源
4. 组织之间的交流
5. 设计计划的开展
6. 设计稽核的执行

	设计管理层级	设计活动	设计管理主线	设计管理细项
高阶	总经理 副总经理	公司目标定位 市场研究	设计政策 设计战略	设计决策
中阶	产品开发部经理 设计部经理	产品市场目标定位 产品开发计划	企业形象设计 设计组织	设计调研 设计目标 评估检查 设计组织的沟通与协调
低阶	设计经理 设计专案负责人 设计小组组长	市场调查 信息与分析 设计定位 构思 细部设计 评估检测 设计转移	设计监督 设计沟通 设计计划 设计标准 设计执行 设计控制 设计评估	设计专案建设 设计程序管理 设计日程管理 设计成本管理 设计质量管理

设计管理的基本范围和内容

2.3 设计管理的作用

美国设计管理协会董事长鲍威尔（Powell）于 2004 年指出设计管理的重要作用主要表现在四个方面，下面分别叙述之。

2.3.1 设计管理是企业创新的重要资源

“创新”一词英文是“Innovation”，有别于“创造”（英文为 Creation）和“发明”（英文为 Invention）。当前国际社会对于“创新”（这里还是理解为 Innovation）的定义比较权威的有两个：一是 2000 年联合国联合组织（OECD）《在学习型经济中的城市与区域发展》报告中提出的：“创新的定义比发明创造更为深刻，它必须考虑在经济上的运用，实现其潜在的经济价值。只有当发明创造引入到经济领域，它才成为创新”；二是 2004 年美国国家竞争力委员会向政府提交的“创新美国”计划中提出的：“创新是把感悟和技术转化为能够创造新的市值、驱动经济增长和提高生活标准的新的产品、新的过程与方法和新的服务。”这就确认了“创新”在社会经济发展中极其重要的地位和作用。因此，当前我们的创新战略应当重点突出推进 Innovation。作为 Innovation 的创新，实际上是个过程，是实现创造发明潜在的经济和社会价值的过程。

如今设计作为企业创新的主要驱动力之一，不再仅仅指新产品形式的输出，而是要将创意管理的过程与企业其他经营活动相结合，例如，企业创新管理、产品研发管理、调节企业传统结构和管理模式等等。成功创新的主要因素有：

发挥企业竞争优势、理解用户需求、创新和企业技术力量相协作。创新是集体合作和相互影响的过程，设计在研发新产品和调节组织管理过程中都发挥重要作用，具体表现在：

1. 设计创造更好的产品。

2. 设计促进创新管理过程——在三个层面上融入设计：

a. 通过设计，沟通消费者，减少产品进入市场的时间。

b. 创新设计发展新的团队管理模式。

c. 创新设计促进员工对新知识的探索。

2.3.2 设计管理沟通消费者，满足人们多元化需要

《情感化设计》，唐纳德·诺曼

商品的设计并非只是针对消费者或是顾客的需求。由于21世纪将是一个消费者逐渐隐形化的时代，所以企业也更需要借助商品来表达自身的理念，并寻求企业与企业之间的共同理想，引发共鸣和不断创造的趋势。而作为企业的设计师所担负的责任，就是要能够明白自己企业的经营理念，并且在商品设计中表现出来。通过设计对品牌的视觉识别设计包括企业产品（或服务形式）、平面视觉、环境、建筑、设备、工具等等可以传达一致的企业理念，强化企业产品在消费者心目中的印象。

人类社会的发展，科学技术的应用，使生活与生产领域的变革周期越来越短，沿着由低级到高级，由简单到复杂的需要轨迹，不断向设计提出新的要求。设计者除了不断适应外，还要研究潜在的需求心理。人们不仅对产品有物质需要，例如功能实用、使用方便、安全可靠、经济耐用，而且有精神需要：交流情感、提高

审美情趣、陶冶情操等等。设计是企业与消费者沟通的最佳方式。设计师必须学会利用设计语言，激发消费者的拥有欲。通过新产品设计可以增加顾客价值，引导新的消费趋向。作为消费者而言，也同样要对企业提出挑战，抛弃过去商品创造者与使用者分别对立的状态，而开始建立起协同合作、相互激发的新型关系。

2.3.3 将设计视为企业管理策略而不是附属于管理

每家企业都有许多资源，如人力资源、设备资源、资金资源等等，企业资源具有对企业进行集中管理或协调的可能性，成为企业管理手段。设计作为一种企业资源，是企业成功的关键要素。管理者要把设计与其他的经营活动一样放在同等重要的位置，必须把设计作为管理的重要工具。

设计是一种将企业资源转化为商品的活动。管理者只有把设计视为管理工具，才能使得企业内部的各种资源包括创造资源获得最大限度的发挥和利用，从而使企业获得不断向前发展的活力。事实告诉我们，好的设计不是简单地通过外部条件就能获得的。作为企业来说，好的设计只能通过企业自身的力量（因为设计是一个企业的文化、技术、生产、管理等方面的综合体现），通过对设计资源、设计技术等方面的管理才能获得。

设计要想在企业决策中发挥作用，必须吸收更多管理知识以及培养以下管理能力：

1. 用商业词汇解释设计竞争力。

2. 管理团队和资金成本。

3. 把设计放入企业规划和发展策略中培训设计人员。

4. 沟通设计。

5. 在市场发展中与品牌经理合作、在产品创新管理与 R&D（企业研发部门）和工程师合作成立设计研发部门。

6. 为设计调研招募设计师和其他专家，为他们的工作制定任务目标书。

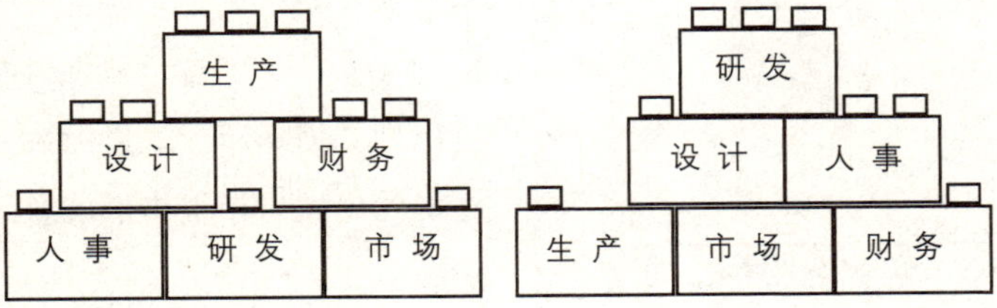

设计与其他部门的联接

7. 为增强"设计领导力",参与策略规划,应对环境变化,执行策略决定。

2.3.4 设计对于全球经济、文化、社会发展起到积极作用

设计参与国家经济的发展，和国际化、数字化经济环境的变化息息相关。设计产业的发展依赖国际国内经济环境。设计间接显示了国际竞争，例如科技、研发、贸易平衡，也反映了一个国家的社会平衡和消费水平。

设计促进市场需求，刺激和更新产品种类（例如：汽车和服装行业），带动消费，促进国家经济的发展。

设计反映一个国家的文化特征。"全球化思考，本土化行动"，全球化与本土化的矛盾，是众多设计公司必须解决的燃眉之急。

设计也是全球化传播的工具。新的设计理念和产品发展趋势的国际交流，促使各国企业适时调整自己的产品策略，积极开发新产品。就国际背景而言，世界各国正面临越来越多威胁全人类共同生存和发展的新议题，如环保问题、能源问题、疾病与人口控制等问题，设计将为解决这些问题发挥重要作用。

许多国家也将设计列为国家经济发展的重要战略，例如 2000 年韩国提出了"设计韩国"的战略口号，举国上下开始培育设计产业的大环境，该战略实施至今，韩国的设计人才不断推陈出新，每年有 3 万多设计人才服务于各种设计机构。1996 年，三星管理层将当年定为"设计革命年"。2000 年，三星提出"设计驱动型管理"（design-driven management），翌年成立设计中心。在三星的设计战略下，公司通过多种途径提升自己的设计能力，如：与持续设计（Design Continuum）等顶级咨询公司进行的众多合作；建立三星创新设计实验室（IDS）；公司的设计人员被派往国外，在时装商店、化妆品专业公司或设计咨询机构待上数月，以便跟上其他行业的发展潮流。1994 年澳大利亚以建立"创意之国"为目标，率先提出了一份新的文化政策报告，其中设计创新是重要部分。1999 年英国建立了"创意产业促进组"，提出把"创意产业"作为振兴英国经济的出发点，很快形成新的产业形态。

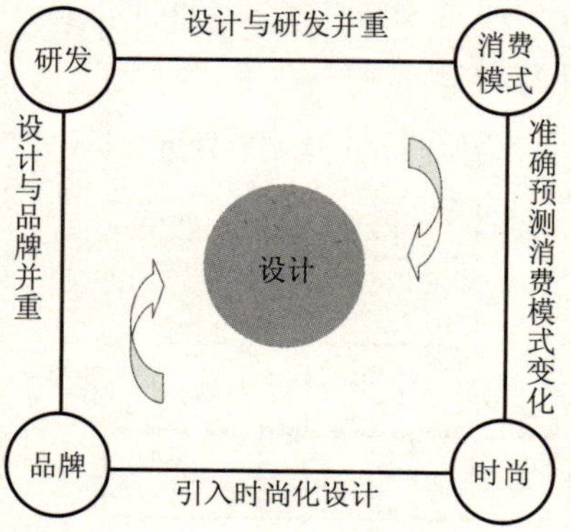

三星提出的"设计驱动型管理"

阅读资料

产品生命周期与设计管理

任何一项成功的新产品都会经历从开发期经商品化而进入市场，为市场所接受，经过成长、成熟和衰退以及最终退出市场而消亡的过程。营销学上把产品从投入市场至退出市场的全过程称为产品的生命周期，为了研究设计管理在其中的作用，这里我们把产品开发期也加入，形成广义的产品生命周期。当然，不同产品的生命周期是不同的。有的新产品被市场接受的时间较长，有的则进入市场不久便夭折，有的甚至在投入市场之前便终止了继续开发。

产品的生命周期一般分为五个阶段：开发期、导入期、成长期、成熟期和衰退期。设计管理在不同的阶段参与的设计领域重点不同。

1. 开发期

这一阶段是产品孕育的阶段，企业理解市场需求，提出产品概念，制作原型机，试制样机，为量产作准备。开发期在营销理论上常常不列入产品生命周期，因为营销理论研究的是产品进入市场后的价值实现，而在设计管理中这是非常重要的一个阶段，设计管理主要进行产品创新设计管理。

2. 导入期

导入期是产品进入市场后的第一阶段，产品开始按批量生产并全面投入企业的目标市场。这个阶段最主要的特征是销量低，销售增长缓慢。在这个阶段的设计管理包括：产品创新设计管理、展示设计管理、包装设计管理。

3. 成长期

新产品从投入期转入成长期的标志是销售量迅速增长。另一特征是竞争者纷纷介入，当新产品盈利较高时更是如此。在这个阶段，设计管理主要进行：产品细节创新设计管理、广告设计管理、分销渠道设计管理。

4. 成熟期

成熟期时产品在市场上基本饱和，普及率继续有所提高，而销售量则趋于基本稳定。由于竞争日益激烈，特别是出现价格竞争，使产品差异化加剧和市场更加细分，顾客对品牌的忠实感开始建立，产品市场占有率的高低主要决定于重复购买率的高低，维护市场占有率的所需的费用仍然很高，因此少数财力不足的企业被迫退出市场。在成熟期，设计管理进一步对产品细节进行设计管理，利用企业形象设计管理，进一步维持市场。居安思危，及早考虑产品的升级换代，从功能、形态、技术等诸方面考虑新产品开发，以从总体上延续本企业产品家族的产品周期连续不断。

5. 衰退期

由于市场竞争势态、消费偏好、产品技术以及其他环境因素的变化，导致产品销量减少而进入衰退期，从而必须要有更新的产品面世。这时原有产品普及率迅速降低，成本回升，分销环节转向营销新品。这时，为了能够保持企业的生命力，必须投入已开发新品，从而进入新的一个产品生命周期。

产品生命周期图

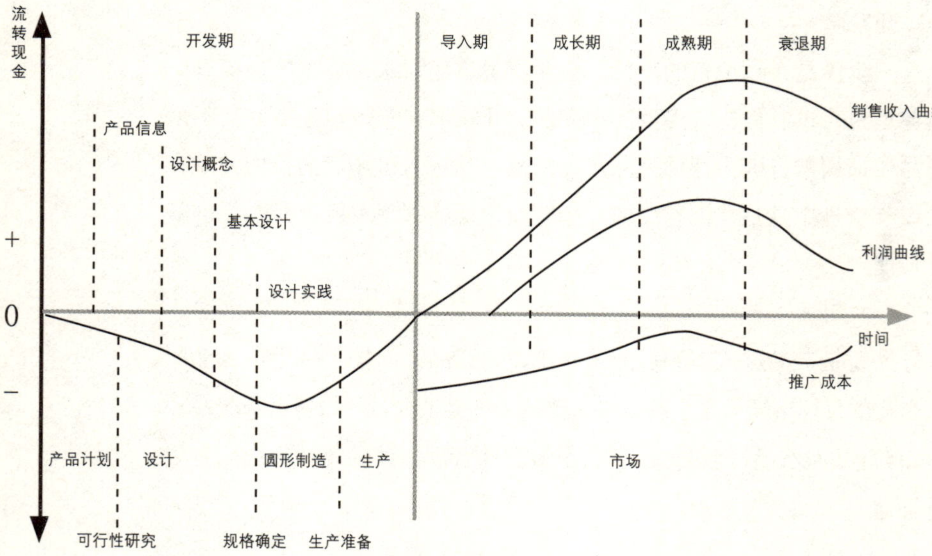

本章重点

在20世纪中期，设计管理的萌芽已经形成，并逐渐被一些设计发达国家如英国、日本等国的专家学者所重视，逐步开展了对设计管理理论方面的研究。

设计管理这个名词起源于20世纪60年代英国。1965年，英国政府为了鼓励一些企业管理者对企业设计效率所作出的贡献，设立了RSA设计管理奖，从此“设计管理”这一名称被正式启用。英国大部分工商学院和设计学院都相继开设了设计管理课程。英国政府认为，设计咨询业是创意产业中有潜力成为竞争性的优势行业的部分，而且发展速度较快。

日本的设计管理的发展大概分四个阶段。

IBM前任总经理小托马斯曾说过，“好的设计意味着好的企业”。作为企业管理的一个重要组成部分和企业创新的重要手段，设计管理在西方发达国家的发展已经基本成熟，而在中国，设计管理才刚刚开始引起设计教育与学术界的关注。

现阶段中国公司对设计管理的认识有待加强和提高，对于设计战略及完整的设计流程也仅限于一知半解。只有通过鼓励创新及巧妙地运用设计的力量，才能提升企业对设计的重视，进而达到设计意识水平的提高和设计管理的实践。

1966年，英国设计师迈克尔·法里在他所编著的《设计管理》一书中首次提出设计管理的定义：“设计管理是在界定设计问题，寻找合适设计师，且尽可能地使设计师在既定的预算内解决设计问题”。之后众多中外专家对设计管理的内容提出各种不同观点，并从各种受众角度出发，赋予设计师各种新的管理特征。

1989年设计师钟提出了3层级观念的设计管理：1. 在操作层级的设计项目管理；2. 在战术层级的设计组织管理，包含公司内部设计组织与外部的设计顾问公司；3. 在策略层级的创新管理，包括公司印象识别、公司设计策略、公司产品识别与色彩计划等。其设计管理的内容已涉及公司层次和项目层次不同范围内的管理内容。

综合各种观点，最后明确：设计管理的研究目的是如何在各个层次整合、协调设计所需的资源和活动，并对一系列设计策略与设计活动进行管理，寻求最合适的解决方法，以达成企业的目标和创造出有效的产品或沟通。

美国设计管理协会董事长于2004年指出，设计管理的重要作用主要表现在四个方面：

1. 设计管理是企业创新的重要资源。

2. 设计管理沟通消费者，满足人们多元化需要。

3. 将设计视为企业管理策略而不是附属于管理。

4. 设计管理促进每个国家经济与文化的连接，对人类健康、全球社会稳定起到积极作用。

课外讨论

1. 请简述设计管理研究在英国、日本的发展。
2. 分析阐述中国设计行业发展迫切需要设计管理研究的原因。
3. 结合本章内容谈谈设计管理的重要作用。

第三章

设计机遇与设计调研

3.1 设计机遇

3.1.1 企业设计需求

设计活动本身就有些自相矛盾，既需要一定的想象力又需要依赖一些经验。设计调研是近年来国际普遍关注的一门新兴的学科，彼得·隆那费尔德（Peter Lunenfeld）设计调研专家指出设计调研可以至少让设计师避免在不知他人已发明的情况下重复发明，也避免设计者过多依赖客观设计想象，缺乏科学的市场、技术分析。有些专家甚至强调设计的整个过程就是调研过程。设计调研的根本目的主要是为企业寻求各种设计机遇。

企业的各种机遇来自于企业内部和企业外部新的需求。企业内部机遇有时比外部机遇更为重要，它涉及企业名称、品牌的命名、企业理念、企业策略、企业的目标、企业合并、组织重组、多种经营模式、各种企业部门间正式的沟通。没有指定的方法来找寻机遇，而是企业的愿景、企业的总目标或品牌的识别特征可以指引企业面临各种机遇时，作出合理的选择，设计资源如何来应对这些机遇。

企业经营目标	设计需求
成立新公司	企业标识设计
成为设计领导型企业	全球化设计
研发新产品或新商品	设计概念、新产品的设计
推出新品牌	品牌命名和平面设计
增加市场份额	网页设计和包装设计
进入新的市场	产品设计和品牌延伸
研究策略修订	设计概念的研究

企业发展中的设计需求

企业理念表达了企业的各种价值观和信念。同样的价值和信念，企业的各种价值观将渗透到企业的各种目标和策略中，最后将在各种产品、服务、企业环境、信息沟通中呈现。而最终人们使用、购买、分享各种品牌体验，才能真正验证企业的各种理念和价值观。如果设计管理的目的是为了指定和沟通各设计政策和策略来满足企业的价值，那么设计管理的第一步就是寻找各种设计机遇。

3.1.2 设计趋势预测

设计种类的不断增加就是要满足生活的软需要：生活方式、时尚、多变的品味、文化相关性。这场设计的潮流，越来越多的加入了技术发展的元素，而这又创造了新的设计领域和需要。那么，设计师们该如何理清这个变化的过程，预测其未来的发展方向呢?

任一特定时刻流行的形状、造型、颜色以及材料都影响着设计物的性质。多种多样的因素交织影响着人们的交流及环境。显而易见，科技带来的可能性至关重要。例如，塑料模型是20世纪五六十年代主流审美观的一个关键要素，同时新兴制造工艺和新材料使得设计的种类更加丰富多彩。

作为一个设计师，至关重要的是要知道设计趋势（trend）到底是什么。它并不是像人们想象的那样，是一个在时装界使用的术语，也不是在我们的文化进程中影响环境和审美变化的词语。一种潮流趋势可以是一种情绪、一种思考或者是一种精神。多数情况下来说，潮流趋势可以被定义为一种可被转移的能够持续影响着文化、社会、商业部分的东西。

“趋势”一词是一个比较老的词汇，它的源头可以追溯到中古英语和高地德语，在那里被赋予旋转、环绕的意思。因此趋势通常不是固定模式，而是一个变化过程。

一个趋势预测开始于资料的鉴定。这些资源是围绕着我们，在茫茫社会工作中却不太被在意的。“跨文化分析”是预测者用来描述他们如何“轻触”跨文化和不同行业，以确定是否发现一个行业的趋势开始出现在其他行业的术语。如果是，他们知道他们发现的一种趋势，将持续很长时间并极具影响力。预测者要通过图书、报纸、期刊、杂志、网站、电视节目和电台节目这些日常的媒体获得信息，还需要参观展览和专业贸易展览会并预览一切时尚、家具、技术和车、军事硬件、医疗设备。一个良好的预测员还会订阅各式的博客、手机短信提醒信息、在线新闻聚合等。

通过数据排列，可以挖掘和质疑一些基础的问题——“谁”、“什么”、“哪里”、“为什么”和“如何”。这些是需要调查的资料，或者说是需要注意一下的趋势。数据排列要通过整个文化综合的方式，进行分析和测量。最后，也是最有用的一点，比较统计图能鼓励你使用大脑，我们需要提升逻辑和理性思维。比较统计图是一种制图技术，由制图者寻找一个简化的统计数据，将复杂的数据简化，用一种更为简单易懂、直接明了但又不失战略计划的方式表现。这种比较统计图更为精简而不程序化，或者说是类似地理学者的比较统计图。

我们通过图可以看出这几个方面的趋势：

1. 区分出这个趋势上的创新者（谁，who）

2. 主要驱动因素（为什么，why）

3. 为这个趋势命名（什么，what）

4. 找出社会中趋势潮流的主力影响地点（哪里，where）

5. 趋势的未来影响（如何，how）

设计趋势预测的需要催生了全球化预测网的出现，目前共有超过2000个趋势预测及相关网站。下面列出的是一些网址。它们被最广泛地使用，依据资深预测员和博客作者的评论来整理、解释和记录趋势。

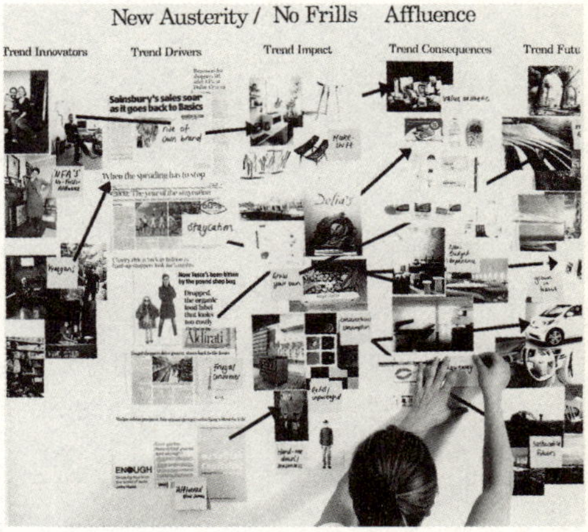

趋势预测，比较统计图

1. Trendburo（trendbuero.de）

是一个关于德国基本生活方式和消费预测的网站。

2. Japan Consuming（japanconsuming.com）

介绍日本主要城市的趋势。

3. Cool Hunting（coolhunting.com）

是全球最好的一个聚合和说明“东西”的网站。

4. Iconoculture（iconoculture.com）

是美国消费者较看好的预测机构之一。

5. PSFK（psfk.com）

是一个在线新闻、洞察力网站，趋势顾问受科技和生活品牌的青睐。

6. Trendwatching（trendwatching.com）

是一个荷兰预测机构，为用户提供每月免费的趋势更新。

7. Worth Global Style Network（wgsn.com）

是全面的用户只在时尚潮流趋势方面的在线网站。

8. LifeStyle News Global（Lsnglobal.com）

是一个建立了会员制，消费者洞察趋势、品牌战略的网络。

环境变化	机遇因素	机遇
社会	人口变化	不同生活方式引起对产品和服务新的需求
	家庭结构变化	传统家庭模式的变化
	消费者新需求	环境保护意识，不盲目追求品牌产品
	工作形式	自由职业、教育、工作、娱乐新关系
政治	环境	可持续发展的政策
	创意经济	制定政策扶植各种创意产业、经营和教育活动
	文明体系	政府公民参与意识
	知识产权保护	科技与设计发展以保护版权
市场	产品创新	新科技发展促使市场多元化以满足不同消费者需求
	使用率	更多方式使用，内含式设计满足老龄人群需求
	产品定制	产品和服务的个性化需求
	环保生活方式(ECO)	可持续生活方式和减少垃圾
科技	随身穿戴的科技产品	贴身电子产品、服装与市场设计需求的增加
	沟通系统	因特网所需求的新的生活、工作、娱乐方式
	新型材料	技术革命带来新材料、产品、系统
	新型企业	因特虚拟企业、社区带来企业结构变化

设计机遇的驱使因素

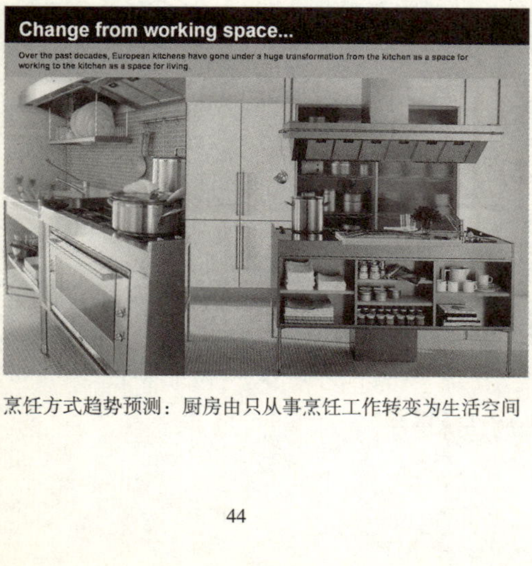

烹饪方式趋势预测：厨房由只从事烹饪工作转变为生活空间

烹饪方式趋势预测：烹饪也是一种社交活动

烹饪方式趋势预测：烹饪灶越来越多元化、国际化

烹饪方式趋势预测：选择何种烹饪用具显示了社会地位和生活品位

设计已成为多元的流行趋势符号

3.2 设计调研

3.2.1 设计调研的定义与范围

21世纪的设计是一个以研究为驱动的活动，由一种对文化和技术的理解，联系在艺术、科学和人文情况之中。随着信息社会的高速发展，人们的生活方式及其物质载体正在发生重大的改变，艺术设计也随之细分出各种门类繁多的新型专业，设计师在创造新产品的过程中，必须了解各种知识和信息。

设计调研的定义是：对设计决策相关信息的系统的收集、分析、解释。通过设计调查，可以增加我们对于设计背景来源、设计流程、设计工艺、设计技能、设计方法和设计意义的全面了解，从而使设计师能够选择恰当的设计方案，制定更加完善的设计决策。

设计调研的范围有以下几方面：

1. 设计学科本身的科学调查，包括设计科学的发展、不同相关领域的关系与框架。

2. 关于设计专业应用调查，包括不同专业如产品设计、多媒体设计、服装设计等等材料、工艺、流程的调查。

3. 有关产品或服务的使用状况调查研究，包括人机工学、人类文化学。

4. 社会文化与历史调查研究，设计如何使个人或社会群体与社会文化发展相结合。

5. 应用调查，对设计须解决的实际问题的调查研究，包括环境污染、人口增长、医疗措施等等现实困扰的研究。

6. 设计管理调查，有关品牌宣传、新产品设计、环境设计等设计资源合理整合计划、应用和评估的调查。

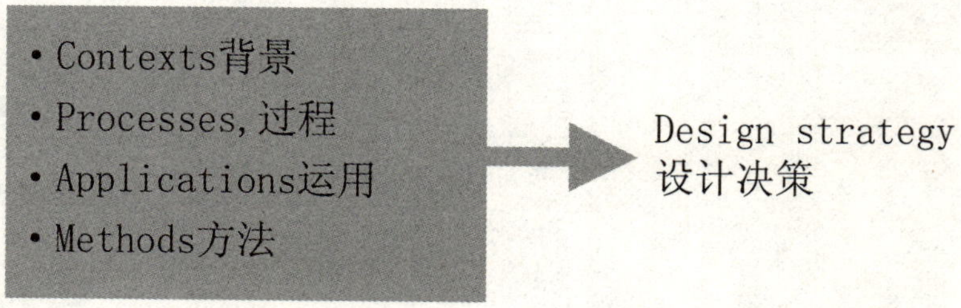

3.2.2 设计调研与市场调研的区别与联系

随着消费者的需求越来越多元化，很难完全依据设计师固有的经验来设计产品。以往很多设计师都过多依赖企业市场调研数据来开发新产品，而其实这两者虽然有着相似的目的、服务对象和方法，但是也有很大的区别，因此可以相互丰富与补充，下面我们来分析下它们之间的区别与联系。

3.2.2.1 调研目的不同

菲利普·科特勒指出，市场调研的定义是系统地设计、收集、分析和报告和公司所面临的特定的营销状况有关的数据及发现的调查研究结果。因此其调研目的主要是帮助企业决策者了解消费者、竞争对手及市场状况，把握顾客需求。可见市场调研是一种管理工具，其基本任务就是为管理层提供解决营销问题的信息。市场调研也是确定顾客和潜在顾客需要和需求的关键管理工具，是企业用来建立长期关系的手段，好的市场调研有助于保证企业未来的生存和发展。但是与设计调研相比，在产品创新设计活动中，处于后端调研，即主要研究产品投放市场后，产品形象、市场竞争、消费者购买行为、消费者对产品以及服务的满意度等等。其根本目的为更好的销售产品，扩大市场份额。

设计调研的目的主要是为企业寻求各种设计机遇，包括企业内在和外在设计机遇。设计调研的活动也处在企业经营各个环节中，包括产品研发、生产、销售、沟通等等。其中非常重要的是新产品和服务的设计开发，在产品创新活动中，处于前端调研，主要是关注最终使用者的真正需求，因此不能太多依赖现有品牌和市场状况的信息，调研的目的是为了创造新的产品、服务或体系以引导使用者的需求。设计调研在产品生产过程中也发挥重要作用，设计师必须对产品生产过程、材料和相关技术做全面了解。最后，设计调研也为企业提供设计稽核和评估分析，我们在以后的章节中将具体介绍。

3.2.2.2 调研对象不同

市场调研主要关注整体市场发展趋势，调研对象是消费目标群体，从细分方法来看，细分市场不仅是一个分解的过程，也是一个聚集的过程。所谓聚集的过程，就是把对某种产品特点最易作出反应的消费者集合成群。在市场上，一个营销者很难做到使每一位顾客都满意。因此，营销者就得从市场细分开始。市场调研通过各种定量抽样调查可以将市场细分化，市场细分往往根据消费者在人文、心理以及行为上的差异来进行。然后，公司可以判断出能为它们创造出最大机会的服务对象，这就是它们的目标市场。这一群体有普遍的共同特征。

方法	参考变量
人口统计法	指各种人口统计变量。 包括：性别、年龄、国籍、民族、职业、收入、家庭生命周期等。
地域细分法	即按照消费者所处的地理位置、自然环境来细分市场。具体变量包括：国家、地区、地理方位、城市规模、不同地区的气候及人口密度等。
心理细分法	即按照消费者的心理特征细分市场。包括个性、生活方式、社会阶层、价值观念等变量。
行为细分法	即按照消费者的购买行为细分市场，包括消费者进入市场的程度、追求的利益、使用率、购买时机等变量。

市场细分的主要方法

从市场细分中设计人员可以了解的信息有：

1. 市场主要目标消费群、次要目标消费群。

2. 目标消费群的人口统计、地理、心理、消费行为等特征。

3. 细分市场的需求有哪些，是否被满足。

4. 竞争者如何满足同一细分市场的需求。

设计调研的主要研究对象是人，关注的主要是个人的一些特殊心理和行为。设计师通过各种观察，往往可以发现更多潜在和未来消费群体。设计调研报告为市场调研提供重要信息，帮助市场调研发现新的市场细分群体。

1. 新的消费观念、消费行为。

2. 购买时机、接触地点。

3. 审美情趣、流行趋势。

4. 产品使用习惯、使用率的信息。

5. 产品以及包装使用后如何处置。

3.3　民族学设计调研

1955 年，在亨利德费斯所著的《设计为人》一书中，提出了民族学设计调研对于工业设计的重要性。法国的社会历史学家米查尔·德·塞尔托（Michcl de Certean）观察调研了人们如何使用产品，发现在私人和办公室的方式有很多不同之处。

唐纳德·诺曼在《情感化设计》中指出：每个人都是设计师，人们选择什么产品，如何布置这些产品在周围环境，我们建造、购买、整合产品。例如一个空间只能由它的居住者来决定各种家具的搭配放置。因此，当设计师真正仔细观察人们“设计”的不同使用方法，就会发现许多令人惊奇的现象。

3.3.1　民族学设计调研的起源

民族学的起源与研究相当的久远，美国芝加哥大学在 1930 年至 1960 年间作了大量有关“城市民族学”的调研。之后，许多社会学家运用民族学方法来学习研究个人或小团体人群，从中概括出大众文化。他们往往研究一小群人，要求设计人深入当地居民，观察他们的生活方式和生活环境，捕捉细节，然后作各种文化现象的假设，不像普通的调研，通常选取大量人群，研究的问题通常比较表面化。民族学方法要求观察者有严谨精确的态度，以及很强的分析归纳信息的能力。

民族学调研是“以理解人们做什么、说什么和想什么为基础”，吸收了人类学和心理学、社会学等许多理论，通常不是要问消费者（使用者）想要的什么是，而是要去理解他们的生活。这代表了对单独依赖调查、目标群体和抽样的方法的一种重大转变。

人种学研究法（Ethnographic Research）这一方法是从人类学研究中演变而来的，它特别强调在自然状态下的观察、描述和定性判断，而不看重假设或坚实的理论基础，实地调查作为一种研究方法，和参与观察法一起在人种学中处于核心地位。设计民族学调研依旧把实地调查和参与观察法作为基本原则。多数的人类学研究者能在几十年里作数十次实地调查，有的驻地时间长达三年或者更久。而设计民族学调研由于受时间和经费的限制，通常时间要短些，而且必须运用多种民族调查方法，包括采访、拍照、摄像、统计、测试等，以感性认知和理解研究对象的生活细节。

3.3.2 民族学设计调研的发展

民族学设计调研有两个主要特点：一是“简易性”，设计使用者需要的产品。长久以来，许多企业要么依赖企划部门，要么依靠市场营销部门，导致企业开发的产品可能无法关注人性化操作或是便于携带和储存。二是“复杂性”，民族学设计调研把工作和家庭间的鸿沟连接起来，把使用者或消费者的声音和生活带出家庭，融入到企业环境中。

民族学设计调研在当今是一种新的顾客调研，特别是揭示一些已经出现的或者潜在的顾客需求。过去由于设计师缺乏其他设计文化标准，总是根据自己的文化、价值和经历来判断。问题是这种狭隘的观点不适用于全球市场。例如美国的一家厨房用具品牌在美国市场上非常畅销，而当该公司产品进入日本市场后却非常困难，日本人觉得美国的厨房餐具都太大，不方便实用。美国人使用涂黄油的抹刀就像握着网球拍，而日本人用起来感觉就像拿着一支笔，显然该企业的产品如果想打入日本市场就需要重新设计。

最近，柯达把研究人种志作为其全球用户体验计划的一部分。这个研究的目的是让柯达通过对日本、中国和印度市场的研究来提高产品和用户界面设计，并结合人种志、产品模型开发和对三个国家的焦点群体调查来进行研究。此研究在《设计管理杂志》发表的详细文件材料强有力地证明了人种志能在设计过程中提供直接的帮助。

佳能的第一台彩色打印机，定位于国内未经开拓的市场。在 1995 年刚推出时，客户对该产品的印象不佳。该公司委托 GVO、帕洛阿尔托咨询公司，研究什么样的印刷材料才能给家庭带来更环保的能耗，同时也研究了导致产品失败的创意方面的原因。最后通过创新、制作新的宣传海报及 T 恤衫、贺卡捆绑打印机一起销售的方式才改善了产品对于客户的印象。

金佰利公司的客户群定位专家通过人们对纸尿裤用品的使用习惯，研发并开发了符合客户需求、更方便替换的快速纸尿裤产品，此举为公司在市场上节省了 4 亿美元。

摩托罗拉在中国开展业务的一项研究发现，通信相对落后地区的电话及通信服务，因没有自己的内部编码导致了通信效率的降低。在此之后，摩托罗拉开发了面向中国市场的双向寻呼机。民族学设计调研集中关注用户的体验，不仅可以减少新产品设计的风险，而且往往发现用户使用产品的潜在利益点。设计民族学由于脱胎于人类学，使得全球化市场演化为一系列本土化环境。

3.4 设计调研的方法

民族学设计调研的核心是研究人的行为，实地调查作为一种研究方法，和参与观察法一起在人类学中处于核心地位，民族学调研依旧把实地调查和参与观察法作为基本原则。

方法	说什么	做什么	如何使用
听	日常话语		
笔记	交谈		
录音	座谈访问		
观察			
看		各种行为	行为踪迹
笔记		归纳分类 行为方式	行为瞬间细节
速写、绘图表		人们行为关系	产品使用率
拍照		时间间隔照相	产品使用、处置过程
录像		日常生活录像	跟踪各种日常活动
数码技术		摄像头	跟踪各种日常活动

民族学设计调研方法分类图

3.4.1 用户观察法（User Observation）

专家指出，观察法是最主要的民族学设计调研的方法。观察法是指根据研究目的，对现象或个人的行为作系统的观察，并依据观察记录对现象或个人作客观解释的一种研究方法。有时，通过观察顾客的行为就可能产生伟大的想法。许多公司，如乐柏美（Rubbermaid）、吉列（Gillette）、百得（Black&Decker）和3M，更热衷于通过对顾客进行观察（而不是直接向他们提问）来获取反馈。企业的调查人员会在商店里对顾客的购买行为进行观察，甚至是到顾客家中拜访以了解他们使用产品的方式。

1. 参与性

观察法的首要特色是从“局内人”的角度来看一个现象，而不是远距离的观察。而局内人可以看到被观察者，例如产品使用者的日常生活的点点滴滴。这些日常生活可能会显示被观察者内心的态度。

2. 现实性

观察重视当场情境的记录，而不是事后的访问。所以研究者必须在现场待命，随时记录发生的事，例如可以随身带一个小的笔记簿。如果只能在事后访问，那么会缺少第一手的资料，不能确定受访者所说的正确性。

3. 细节性

例如观察使用者在使用产品过程中，人、产品、环境之间的关系，使用者基本行为、产品使用过程中的移动轨迹，会发现一些容易忽视的细节。因为质化研究重视所研究归纳的理论，而观察研究虽然必须花很多时间在现场，却可能观察到一些事先没想到的理论，进而得到新的发现。虽然现场观察容易受到当时情境的影响，但是收获可能比事后访问来得多。

4. 客观性

观察法还强调诠释及了解，也就是事先的假设与理论并非唯一遵从的原则，反而必须用实际观察去检验过去的假设，进而修改观察者原来的理论，拓展旧的观念。

3.4.2 焦点小组访谈（Focus Group）

目前的焦点小组一般由 8 到 12 人组成，在一名主持人的引导下对某一主题或观念进行深入讨论，目的在于了解和理解人们心中的想法及其原因，通常时间为 2 小时。

小组访谈能够获得信息的原因在于这种方式可以达到群体动力的效果，一个人的反应会成为对其他人的刺激，从而可以观察到受试者的相互作用，会产生比同样数量的人在单独陈述时能提供的更多的信息，也就是一个人的发言会引起参加者一连串的反应。但是这种方法不太适合私人话题，或者一些很敏感的话题。

运用焦点小组访谈可以帮助设计师：

1. 理解消费者对某类产品的认识、偏好及基本使用行为习惯。

2. 获取对新设计的产品概念的印象。

3. 产生关于老产品的新想法。

3.4.3 产品使用测试（Usability Testing）

产品测试是把制造好的新产品样品交给潜在消费者使用。其目的是：衡量产品被接受程度；考察与竞争产品相比，消费者是否偏好新产品；寻找新产品必须改良的部分；分析新产品的强弱点，从而帮助企业制定宣传策略。因此，产品测试对于产品的未来正式上市有着重要意义。

通过观察人们使用过程中遇到的障碍和问题获得最直接的测试信息，通常在4个方面评估产品使用情况：

1. 效率（Efficiency）：顾客使用产品完成一个操作任务需要花费多长的时间？

2. 错误精确度（Accuracy）：在使用过程中是否发生使用错误？有多少次？什么内容？

3. 回忆率（Recall）：产品使用过程结束后，或者一段时期未用产品，顾客是否能回忆起如何使用产品？

4. 情感反应（Emotional response）：当使用操作任务完成后，顾客心理感受如何？是否感到满足，增强了自信？还是感到沮丧？是否愿意向朋友推荐该产品？

3.4.4 在线反馈法

将顾客引入产品开发流程需要花费大量的时间和金钱。值得庆幸的是，借助网络，企业可以以非常经济的手段即时获得顾客的反馈，尽管目前只有少数企业正在利用这种媒介。

故事板，用来分析用户生活方式。

例如，菲亚特汽车（Fiat）就借助其公司网站，让用户对其下一代蓬图（Punto）车型的需求进行评估。顾客可以对这款车型的风格、舒适度、性能、价格、安全特性等指标进行优先级排序。他们也可以指出这款车型最令他们不满意的地方，并给出改进意见。然后，

飞利浦“家庭实验室”录制普通人日常生活，记录产品使用行为。

他们可以选择车身风格、车轮样式，以及车头和车尾的样式，并在电脑屏幕上看到自己的“设计”。最后，公司软件系统会提取客户的最终反馈结果，并记录他们的选择顺序。

通过这种方式，菲亚特公司3个月内就获得了超过3000份的反馈。内容涉及各个方面，包括在车内配备雨伞架，设计一款前排只有一张长椅的车型等等。公司为这项调查仅花费了35000美元，这在市场调查领域实在是一笔很小的数目。

许多公司正在借助网络来取得员工的反馈，不过它们当中的大部分仍不愿对外人开放这一流程。最典型的例子是，软件公司将其开发的软件放在公司内部网上，供内部用户进行beta（公众测试）测试，而只将其“软版本”发布到商业网站。公司往往也会删除网站上那些访问频率很高的部分的链接。这样做意味着，只有技术上够专业的用户才可能在无意中接触到软件的测试版本，而不是那些可能会因为测试版的大量错误而受挫的低级用户。

借助网络获取用户反馈具有诸多显著的优势。顾客可以舒舒服服地待在家中提供反馈，因而响应时间最短；企业可以方便地对调研工具进行修改，或为用户提供它的多个试验版本，从而一天24小时不停地收集顾客的反馈；调研人员可以接触到大量、分散的目标客户；由于顾客是以匿名的方式进行反馈，反馈的信息也将更为真实；由于系统可以自动完成数据收集工作，且避免了编译错误，获取反馈的成本相较于传统的调研方法也大大降低了。

阅读资料

顾客参与设计法（co-design）

获得产品最终用户的智力支持，对企业而言具有重大意义。当顾客和企业在产品开发的早期或测试阶段对产品的设计达成一致，双方都将从中受益。因为顾客将得到自己想要的产品或服务，企业也将创造出满足顾客需求的产品或服务。

让顾客参与产品设计，企业需要考虑顾客的参与程度。顾客可以在产品开发周期的多个阶段介入，如规格设计阶段、概念开发阶段、详细设计阶段、原型开发阶段、最终产品生产阶段等。交互的方式可以是让顾客进行简单的“现实查核”，以提供对产品理念的反馈，也可以是积极参与头脑风暴，不一而足。

顾客参与产品设计的方法可以归为三类：

替顾客设计产品：企业通过访谈或“焦点小组”的方式从具体客户群那里获得反馈，然后为顾客设计产品。这是目前各类企业常用的方式。

与顾客一起设计产品：企业在了解到顾客的偏好和需求之后，提供各种可能的方案或产品概念，供客户进行反馈。

由顾客设计产品：顾客积极参与设计自己需要的产品。

不同行业采用不同的方法让顾客参与产品设计过程。这些方法可以归纳为：

以用户为导向的产品开发：即将人因工程学融入产品设计。这种方法常用于开发带有人机界面的产品。通常，企业将开发出的人机界面原型交由用户进行测试，直到所有的问题获得解决。

概念测试：包装消费品、耐用品、工业产品的生产商在提出初始产品概念时，就可能从用户处获得反馈信息。通常，生产商会要求顾客对产品的草图、模型、实体模型或原型等进行反馈。

Beta 测试：通常，软件公司（如微软）都会对其软件产品进行 beta 测试，以确保该产品能满足真实客户环境下的要求。

让消费者进行理想化的设计：少数耐用消费品的生产商在产品设计的早期，就让消费者介入设计流程。这种理想化的设计流程采用的是“小组作业”的方式（与“焦点小组”方式相似）。在这种方式下，企业选择那些能代表目标市场的用户参与产品的设计。其基本思想是：让顾客忘记现有的产品，忽略新设计的可行性，让他们畅所欲言。本质上，这是为了让顾客提供新产品改进的意见，使企业作出有关新产品的决策。

领先用户法：一些企业已经认识到其关键客户非常了解自己的需求，并且很乐意与生产商一起开发解决方案，以满足自己的需求。据估计，在一些高新技术行业，约有 30% 至 70% 的新产品理念是来自于顾客，而不是产品研发人员。“领先用户”的需求与同一产品市场其他用户的需求相似，不同之处在于，比起其他大多数用户，“领先用户”产生这种需求的时间要早数月，甚至数年。

参与式人因工程：这种方法常用于工业环境中对工作区域进行设计。其基本思想是：将那些将要使用某一工作区域的用户分成几个小组，让他们亲手设计自己想要的工作环境。

本章重点

企业的各种机遇来自于企业内部和企业外部新的需求。企业内部机遇涉及企业名称、品牌的命名、企业理念、企业策略、企业的目标、企业合并、组织重组、多种经营模式、各种企业部门间正式的沟通。没有指定的方法来找寻机遇，而是企业的愿景、企业的总目标或品牌的识别特征可以指引企业面临各种机遇时，作出合理的选择，集中各种设计资源来应对这些机遇。

设计调研与市场调研的区别与联系表现在两者的调研目的、调研对象、调研方法等方面。

民族学设计调研在当今是一种新的顾客调研，特别是揭示一些已经出现的或者潜在的顾客需求。

民族学设计调研的核心是研究人的行为，实地调查作为一种研究方法和参与观察法一起在人类学中处于核心地位，民族学调研依旧把实地调查和参与观察法作为基本原则。

民族学设计调研主要是理解“人们说什么、做什么以及如何使用设计产品或服务”。民族学设计调研方法从方式上有观察法、集中小组访谈法、产品使用测试法、在线反馈法等。调研信息记录方法有：笔记、拍照、录像等。

课外讨论

1.结合实际案例分析中国某企业目前所面临的市场环境以及设计机遇。

2. 结合本章内容阐述民族学设计调研的定义、主要方法与作用。

第四章

设计组织

4.1 组织的概念及基本结构

所谓“组织”即安排、整顿之意。现代意义上的组织，即按照一定的目的、任务和系统加以结合的结构，也指所结合的集体。广义的观点认为，组织总是由两个以上的个体为实现共同的目标而组成，并在有意识的合作下持续运作的社会单位。通常，组织具有以下的特征：

1. 倡导组织内部员工为同一目标而工作。
2. 确立具有某种形式的组织架构。
3. 区分组织内个人的职权范围。
4. 统筹组织各级活动步调。
5. 控制和指导员工各项活动的运作。

设计组织基本可以分成两种基本类型。一类是企业内部的设计组织，另一类为独立的设计组织。企业内部的设计组织从性质上可分为固定性设计组织和临时性设计组织。一些大型企业多是固定性设计组织，通常设计活动和新产品开发频繁。固定性设计组织与企业中其他组织部门处于一种相对固定的组织结构关系。临时性设计组织也称为设计项目组织或设计专案小组，其组织结构比较灵活多变。临时性设计组织是随着企业的设计计划而产生，随着计划的进展而改变组织形态。当设计计划结束，组织也就解散。

设计管理植根于企业组织管理的一种转变，即从垂直功能型组织模式向扁平灵活型管理模式的转变，新的管理模式促进企业员工个人创新、独立能力和承担风险的勇气，各种非正式的管理模式为设计师的工作提供了方便，新的组织管理是基于以顾客为中心的管理、以项目制为基础的管理，以及全面质量管理模式。

设计组织原来从属于市场或其他部门，现在已经在总裁直接领导下了。中国20年后将有50%的企业拥有独立设计部门或设计中心，有些甚至直接由董事会领导。

4.2 组织结构形态

如何组织人？如何保证每个人的工作都朝向组织的整体目标？这就是组织结构问题。组织结构是一个组织的载体和支撑。无论组织结构形式如何，我们可以简单归纳成两个基本组织结构：一是扁平型结构，二是锥型结构。

扁平型组织结构层次是管理层次较少的一种组织结构形态，首先，变“扁”是指形形色色的纵向结构正在拆除，中间管理阶层被迅速削减，如 1992 年美国通用公司总部从 13000 人减至 2000 人，福特公司将管理层次从原来的 10 个降至 7 个，日本东芝公司在 1992 年至 1997 年间削减总部雇员达 30%。这些举措表明跨国公司正在努力减少管理层次，提高企业内部信息沟通效率，使决策权不再局限于公司上层少数领导者手中。

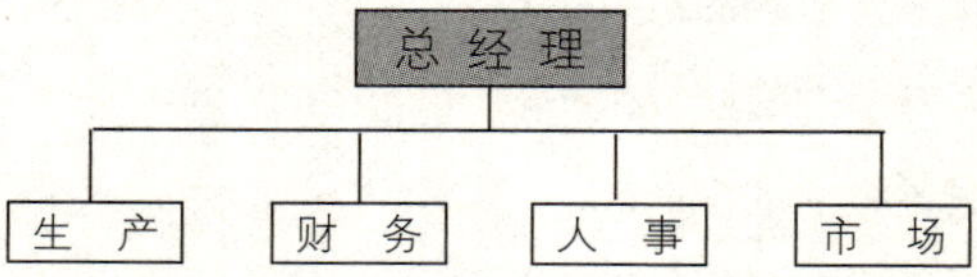

扁平型组织结构形态图

锥型组织结构的组织层次较多，呈金字塔形态，其特征与扁平型组织结构相反。信息逐层传递的速度慢、易失真；管理者地位相对渺小，影响下层积极性。适合于规模较大，人员较多，产品化复杂程度较高的企业。

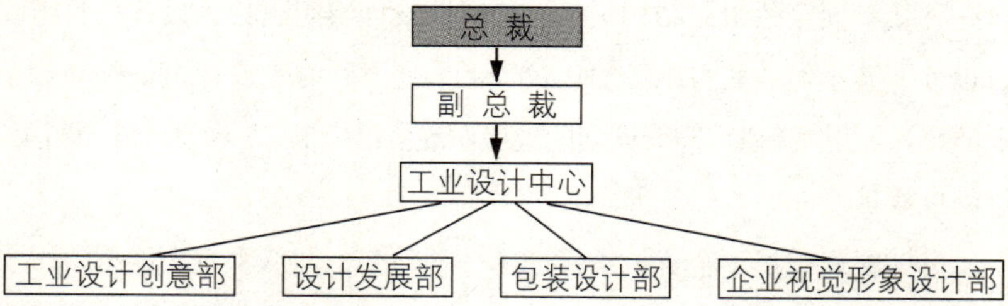

爱华工业设计中心组织结构（锥形结构）

4.3 设计组织的基本要素

设计组织的基本要素包含：设计人、设计结构、设计目标、设计技术、环境等。

1. 设计人

设计人是设计组织的细胞，其主要作用包括：一是保持继续性，即设计结构的再生产；二是追求变化，即创新与改造。设计结构影响行动，行动又建构着设计结构，可解释为设计人与设计结构之间的相互作用。设计人作为设计组织的基本要素之一，通过设计组织，克服对设计决策合理性的制约，从而实现合理性。

2. 设计结构

设计结构是指设计组织中“设计人”的关系模式与规范化。在设计人群中，建立设计规范即有组织地建构一系列的信条与原则，以指导设计人的行为。设计规范结构包含设计价值观、设计规章与角色期待等，设计价值观体现在设计组织行为，角色期待则是评价设计人的行为时，所采用的期望或评判标准。

3. 设计目标

设计目标即设计所要完成的任务，其概念比较宽泛，其所指须根据具体情况而定。设计目标的象征功能包含对实体设计的采用、设计服务的过程、设计的体现等一切象征目标，对设计组织提升设计能力会产生重要的影响。设计人有设计目标，设计组织亦有设计目标，并不局限于单一个体。

4. 设计技术

狭义的设计可以只包含硬件，例如设计人进行设计生产活动的设备、机械和工具等。广义的设计技术除了上述的硬件之外，尚包含设计人的技能和知识，甚至于其他设计需求相关的各种知识和技能。

5 环境

设计组织存在于特定的物质、科技、文化和社会环境中。没有一个设计是可以自给自足的。对于环境，从设计技术的角度可知，设计组织从环境中引进技术，从环境中获得输入的来源，并向环境输出。从设计人的角度看，设计人必须承担社会化和培训的责任。从设计目标看，环境反映了产品设计所期望的价值。

花粉灯

4.4 设计组织的运作形态

1. 托帕利安的有机形项目设计小组

托帕利安主张有机形整合式项目组织，适用于大型、复杂及多样性人员的产品开发案件，强调设计组织的沟通协调能力，设计经理人、设计师、工程师等应定期召开工作会议。此设计组织有三个特点：1. 采取循环式的设计阶段流程，鼓励形成多重暂时性解决方案，并经由测试与评估选定最佳方案；2. 设计经理人的责任采取轮流监督制，责任整合方式有时为设计负责人（R）兼负设计经理（M）之责，或设计者（D）兼任设计经理之责，或设计者兼负设计支持者（S）等不同之形式；3. 强调“专业化”，此设计组织形态倾向以多样化专业人员为主，强调专业化在设计项目小组的组织结构选择上是相当重要的，但不可忽视成员间的相互尊重，并在专业结构下有效地共同工作。

此组织形态最大的缺点则是所需设计日程较长，不利于短期案件与急件的进行，设计者与设计经理相互监督的机制，容易增加工作的复杂性与工作量，在人事协调方面也耗工费时。

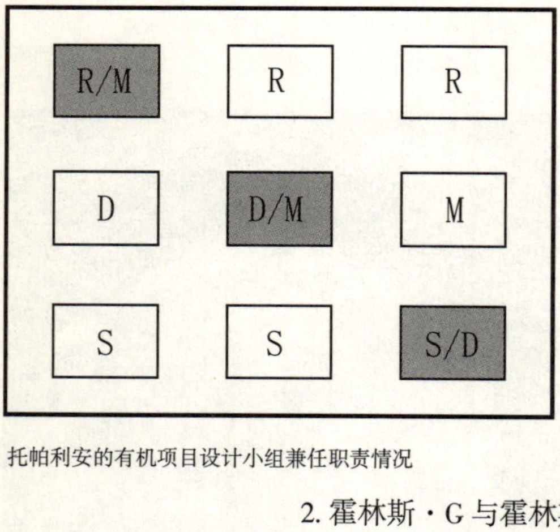

托帕利安的有机项目设计小组兼任职责情况

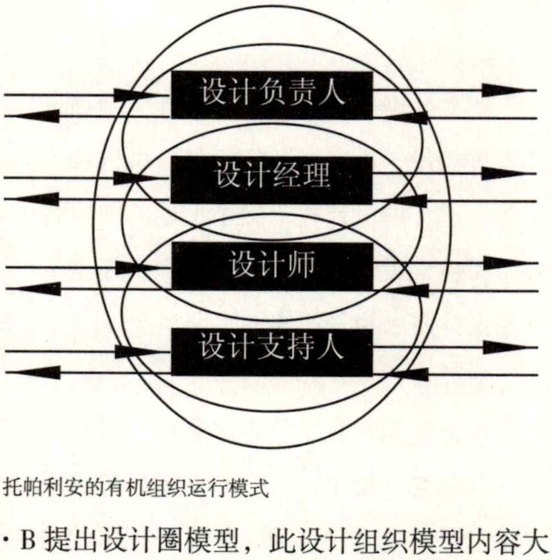

托帕利安的有机组织运行模式

2. 霍林斯·G 与霍林斯·B 提出设计圈模型，此设计组织模型内容大致如下：

a. 设计由设计前期调研工作经历整个设计过程；

b. 设计圈的成员在设计过程中的不同阶段，可以依实际需要决定其他专业人员的替补与离开；

c. 设计工作完成后，进入产品制造阶段，设计圈执行进入品管圈阶段，监督其设计品质的管理；

d. 设计经理人是唯一的固定成员，负责协调整个设计过程所产生的问题，并协助成员了解其工作内容与达成目标。

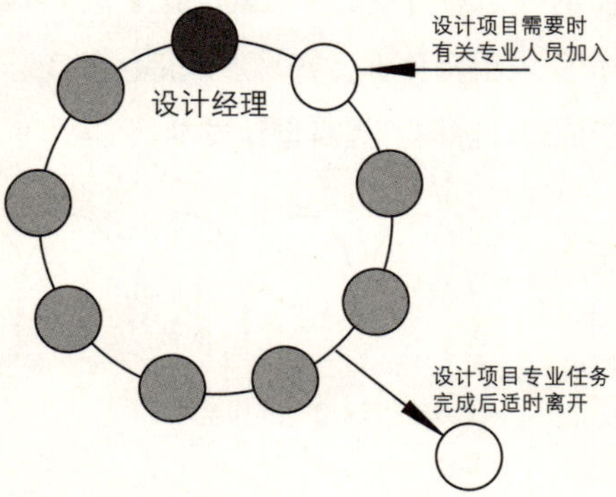

霍林斯的设计圈模式

霍林斯·G与霍林斯·B提出设计过程中的前期设计概念设计阶段宜采用具有弹性的有机形系统运作，而后期的设计执行属固定性例行工作，应采用机械式系统以提高开发效率。另外，设计圈可因项目大小而延伸为主设计圈与子设计圈的形式。设计圈最大的特点在于人员的流动与适时控制，适时的人员递补增加设计圈的灵活性，在设计的过程中可随时调整所需的人才。

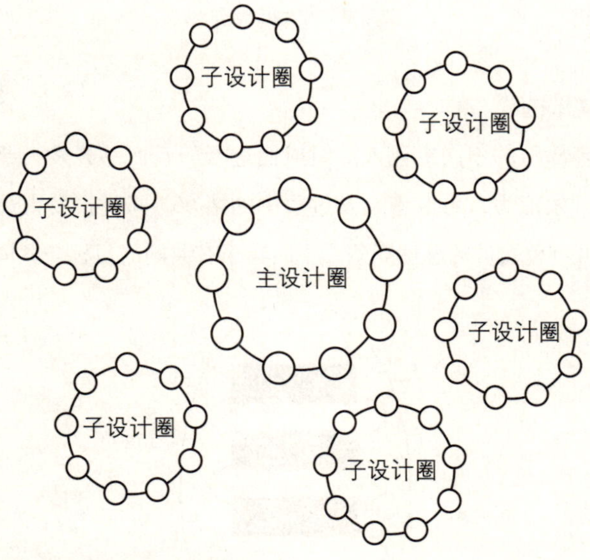

霍林斯的主设计圈与子设计圈

3. 洛伦兹的产品开发组织形式

洛伦兹提出的产品开发组织形式，大多以运动术语说明产品开发形式，如以“接力赛”说明传统的工作持续形态，以“排球赛”比喻反复的工作形式，以“英式橄榄球”说明产品开发的团队运作。

a. 接力赛

设计开发新产品的顺序采用一个步骤紧接着下一个步骤进行的方式，分别由不同部门的专业人士所负责，容易形成部门间工作转移中的沟通协调的缝隙，进而造成设计障碍与提高设计成本。

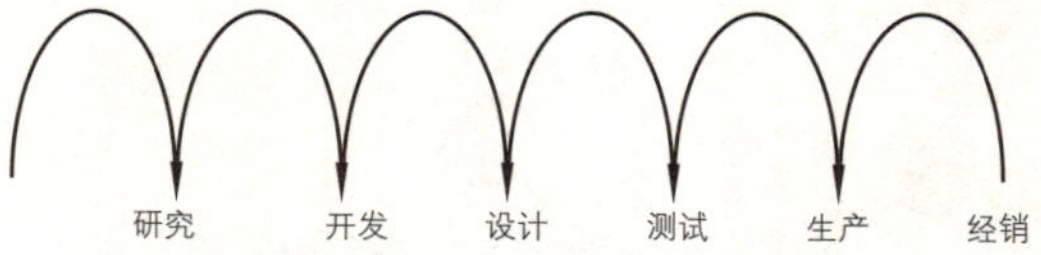

“接力赛”式的组织运作模式

b. 排球赛

开发新产品的工作在各部门间反复地进行与再确认，此种方式容易造成工作的推移与责任的不明确，并造成时间的浪费。

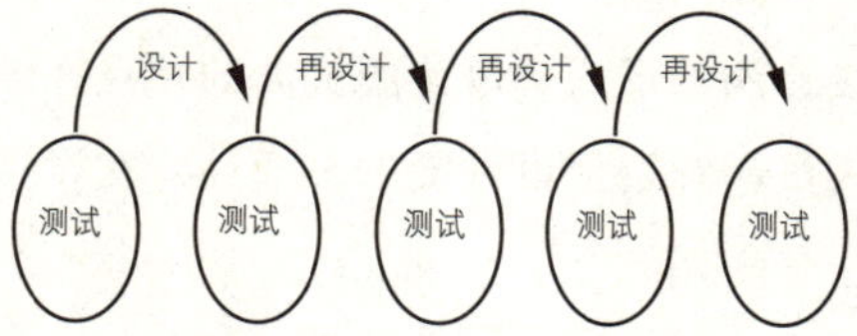

“排球赛”式的组织运作模式

c. 英式橄榄球

系由多部门的不同专业人员组成而进行的新产品开发，此形态具有高度合作开发能力，可改善开发过程中的堵塞时间耗损及人员间的沟通协调，并可避免人员的恶性竞争，主因在于有共同的目标与共同的追求。

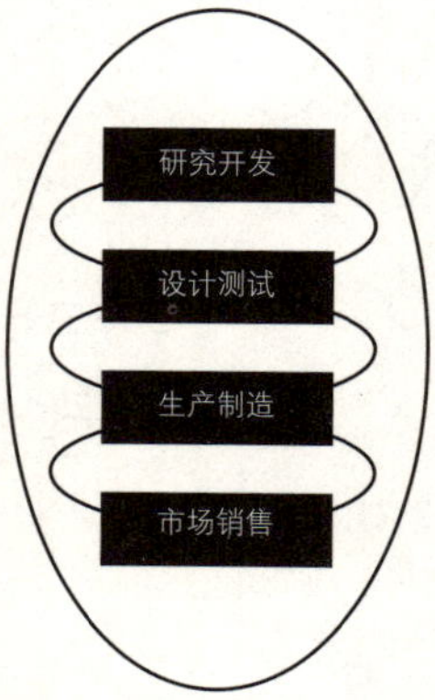

“英式橄榄球赛”式的组织运作模式

4.5 设计组织的分类

4.5.1 按产品技术属性分类

企业经营的主体是产品，企业在构建其设计组织时，其主要目的也是为了更有效地发展生产，并借助生产出来的产品来达到企业的经营目标。因此，企业内设计组织的组成也必然要从技术要求这一层面来考虑，以利于对产品的开发设计。这也说明了设计组织的形成与企业内产品技术属性是分不开的。

按产品技术属性分类，我们可以把一些设计组织归纳为以下几个不同的组织形态：

1. 产品类别型组织

在企业的经营活动中，往往有多个产品需要设计和生产，产品类别型组织是根据不同的产品组成不同的设计组织。设计师和有关专业人员根据其对产品的专业程度分别结合在不同的产品设计组织中。该组织形式的优点是由于所需的技术人才结合在同一组织之内，因而工作容易管理，组织内部的交流较充分活跃。但缺点是仅以有限的技术参与设计与开发，在技术上较难以深入和达到较好的创新程度。

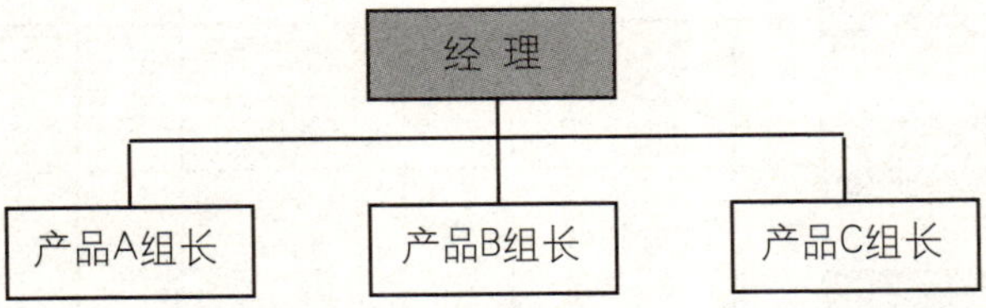

产品类别型组织

2. 技术类别型组织

技术类别型组织是根据企业内专门领域内（如机械、电器、材料、结构等）的各种专业技术人才划分的组织结构形式。这种组织形式的优点是由于涉及到相同专业的人才被结合在同一组织之中，因而使技术能得到较为深入的研讨，有利于产品技术的创新，专门技术也能得到高水平的发展，其缺点是项目在进程中须跨越多个功能小组，因而对项目的整合和管理比较困难。另外，当设计项目在进展的过程中遇到各专业部门的意见不统一时，协调较费时。

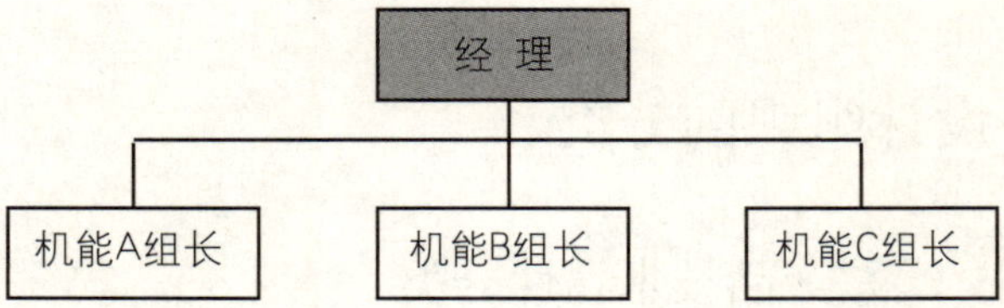

技术类别型组织

3. 矩阵式组织

矩阵式组织是采取技术类别型组织，以整合各项目责任者为专职所形成的复合组织形态。该组织的专业技术由各职能部门的设计者承担，而各项目的进展计划和协调由各项目负责人负责。在项目进行时，在组织中形成项目负责人与各职能部门人员之间的交叉与相互渗透。该组织形态的优点是能克服技术类别型组织在项目的整合和管理中的困难。但由于该组织处于一种复合状态，设计师的工作可能来自不同的主管管理而导致设计师心理的不安定。另外，如项目的进展协调不好，设计师的工作将受到影响。

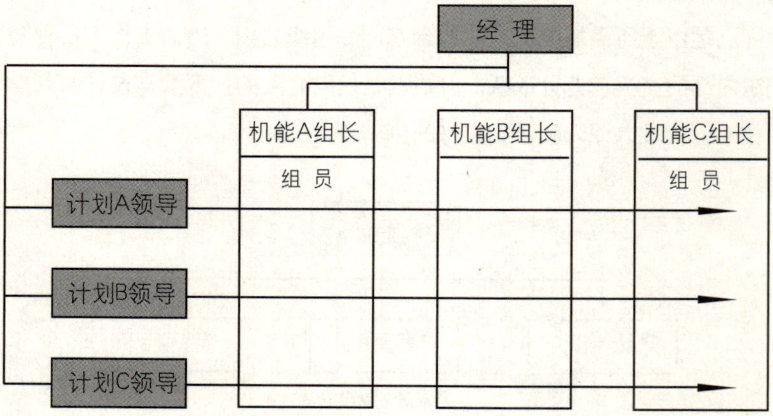

矩阵式组织

4.5.2 以职能部门分类

企业内设计组织大都与企业内某个职能组织有隶属关系。例如一些设计组织可能附属于企业中的生产部门或营销部门，也有些是直接由企业高层领导。所以，如按设计组织隶属于企业职能部门来分类，可以有以下几种类型：

1. 单一职能部门下的设计组织形态

在大多数企业中，如某一职能部门的职责与产品的设计和开发的关系较为密切，或该职能部门对设计的重视程度较高时，往往在该职能部门下成立设计组织。这种隶属在单一职能部门下的设计组织是我国企业内常见的一种设计组织结构形式。如国内一些设计组织常设立在企业的生产部门，而有些则设立在企业的新产品研发部门。该设计组织在该职能组织下指定一人为设计的总负责人，负责设计项目小组与职能组织部门之间的信息传递与交流，同时负责各设计项目之间工作的协调与管理。

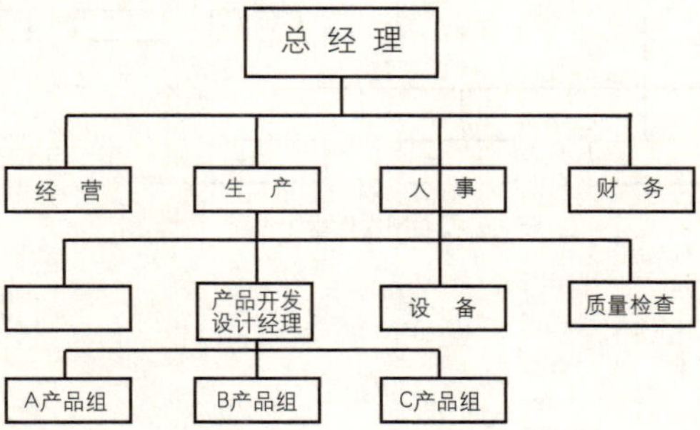

单一职能部门下的设计组织形态

2. 多职能部门下的设计组织形态

多职能部门下的设计组织成员来自企业内各职能部门，参与整个项目的运作或承接项目的后续工作。设计组织可设置在责任较重的一个职能部门之下，或者由企业最高层直接负责。多职能部门下的设计组织一般适合于较为大型和复杂的产品设计与开发。其负责人直接起到与上层的沟通与联络作用，在设计项目中对项目的进程、预算以及相关的工作起决策和指导作用，负责各设计项目的协调和管理。

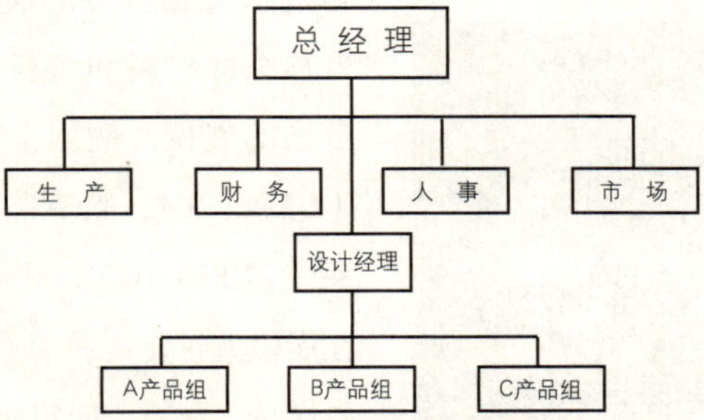

多职能部门下的设计组织形态

3. 独立型设计组织形态

独立型设计组织不属于企业内任何职能部门。实际上它和企业内其他职能部门组织处在同一或平行的位置，直接受企业高层的领导。在独立型设计中有设计经理，直接起到与上层沟通与联络的作用，并负责各项目之间的协调和管理工作。独立型设计组织中设计力量较齐全，基本包括了与设计相关的专业人才，因此能独立应对较为复杂的设计项目，组织中具有独立的财务、人事权。

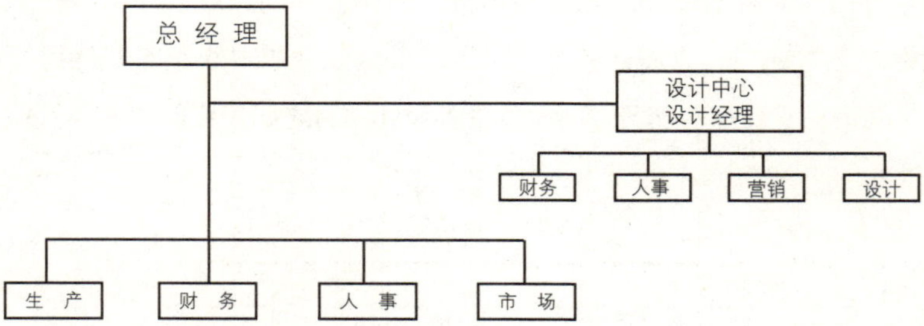

独立型设计组织形态

阅读资料 1

上：Design Affairs 外部全景
下：Design Affairs 内部开敞办公空间

Design Affairs（设计事物）曾经是西门子的设计部，后来独立出来，目前是欧洲实力领先的设计公司之一，并在美国和亚洲设有分支机构。Design Affairs 公司的主要客户包括：西门子、通用汽车（GM）、萨博（SAAB）、奥迪（Audi）、LG、富士等众多世界知名企业。在其位于德国慕尼黑的总部专门建有色彩和材料实验室。在该实验室中，世界顶级的材料和颜料供应商都设有自己的展位，例如：美国通用电气（GE）、3M、默克（MERCK）、贝莱得（BERLAC）、科兹（KURZ）等。在展位上各公司展示了自己相关产品的样品、资料、应用实例和说明等。在该实验室中，Design Affairs 的设计人员得以与各公司的技术人员合作，利用各公司的资源进行设计相关的材

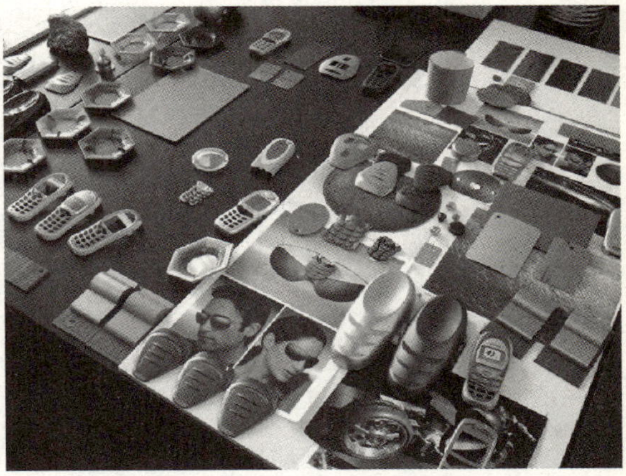

材料研究部

料、色彩和效果的研究及实验。这些研究和试验的成果将不断地体现到其产品设计中去。例如：各种不同质感和效果的表面喷涂和处理材料，各种效果的贴膜等已经被应用到移动电话的新产品设计中。有这样的实验室及其丰富的研究、试验成果的支持，其产品设计的水平必然与众不同。通过参观这个实验室，感觉到作为一个设计服务机构，充分利用材料供应商及其相关企业的技术和其他资源，研究和开发用于设计、服务于客户的共性技术，是提高设计质量，提升服务能力的有效方法。

使人印象深刻的是他们的设计理念和操作方式，传达价值和以人为本贯穿着整个设计活动过程，注重各种不同文化的差异，强调界面友好和媒体互动以及生活形态和设计趋势的研究分析，更突显出其设计战略的特点。正如 Design Affairs 自己所宣示的那样：“我们认为责任、可持续性和可靠性等这些价值是与文化的差异相联系的。”“我们把工业设计、界面设计、色彩及材料实验室与对文化的理解相结合来实现价值驱动的创新。”

在设计的管理和操作上，Design Affairs 非常注重客户的实际需要和市场趋势的研究，包括生活形态的发展趋势以及设计风格的变化等。Design Affairs 每年都要在全球作 2000 个样本的调查以收集设计趋势信息，以此来预测两三年后的设计趋势和需求。因此，了解客户的目标，研究和分析社会文化趋势、客户细分，构成了 Design Affairs 的设计战略。

阅读资料 2

Frog Design（青蛙设计）是一家有 34 年历史的著名设计公司，总部设在德国海伦伯格，在美国的纽约、加州和德国设有 4 家分支机构，共有员工 200 名。作为著名的设计企业，Frog Design 设计的产品自 1990 年以来，每年为其在世界范围内的客户带来200亿美元的收入。全世界最知名的10家企业中，有7家是Frog Design的客户，前20强中的14家为其客户，前100强中的41家也是它的客户。Frog Design的实力可见一斑。

Frog Design目前所注重的也是整合设计战略（Integrated Design）。它所关注的是通过产品的设计使客户真正在市场上获得成功。为此，Frog Design的目光不仅停留在具体的设计细节方面，更多的是深入到市场和营销的层面，它更关心的是解决复杂的商业挑战，创造新的市场，通过创新的方案改善客户的经营状况，提高企业竞争力。因此，Frog Design全力倡导设计和品牌整合的解决方案，在产品和品牌的关系方面，有其独到的见解，即你的产品即是你的品牌。它认为产品是品牌的载体，产品应该能够增加品牌的价值。因而，Frog Design总能创造出一种使得品牌的情感冲击力最大化的设计语言，并且提出了“形式表达情感（Form follows emotion）”的口号。

与关注产品的附加值和市场成功的战略相配合，Frog Design具有一整套行之有效的设计项目管理体系和流程。这种基于广泛合作的操作流程使得从概念到市场的时间大大缩短。

阅读资料3

中国工业设计行业从业规模

20世纪70年代末以来，工业设计在我国大陆开始受到重视。1987年中国工业设计协会成立，进一步促进了工业设计在我国的发展。中国工业设计行业已具有一定规模。中国工业设计行业从业人员约30万人，工业设计年产值约为300亿人民币，占2005年世界创意产业产值的1.27‰，相当于2004年中国国内生产总值的2.19‰。

设计人员从业者年龄结构呈年轻化，从业人员集中分布在发达经济地区。

根据调查显示，中国创意设计行业的从业者主要年龄段在20至30岁之间，所占比例达到93%。且创意设计人群集中分布在华北、华东、华南等较发达经济区域，从业者比例分别是24%、22%和20%，西南地区和东北地区所占比例分别占总量的8%，而西北地区的从业者最少，占总数的4%。这与我国人口分布与经济发展水平区域差异相关。

随着中国经济和市场的发展，中国的工业设计机构呈现出多样化的模式：

1. 自由职业设计顾问公司模式

20 世纪 80 年代末期是中国工业设计的职业化发展的开始时期，真正意义上的专业化工业设计公司于 20 世纪 80 年代末出现在广州和深圳。部分设计公司将工业设计与工程设计、模具制造等整个过程联合起来，其人员规模超过 150 人。这些公司的特点是善于紧密地将设计与生产制造相结合，以设计的市场实现和销售状态为最主要的评价标准，在时间把握上具有优势。他们的主要客户对象涉及到家电、信息、通讯、医疗等产业领域。

2. 政府支持的设计机构模式

这类设计机构以北京工业设计促进中心与北京经纬工业设计公司为代表。北京工业设计促进中心是政府实施“工业设计科技促进”专项计划、推进设计创意产业发展的促进机构，承担设计产业政策规划研究、提供企业设计咨询指导、开展国际设计交流合作、承办设计论坛展览会议、举办设计技能专业培训。同时，为企业进行设计实务示范。北京经纬工业设计公司是由政府投资股份方式建立的设计机构。这些机构的客户对象包括政府机构、信息产业、家具制造业、家电业、医疗业等。

3. 院校工作室模式

在北京和广州、上海等地，以院校为依托的工业设计工作室或公司在专业素质上具有较大的影响，其主要偏重于企业设计课题与设计教育实践的结合，注重设计概念的创新。院校模式由于集中了教授、研究生和大学中的不同研究部门和人员，更注重设计的整体解决方案和企业的文化性。其涉及的企业范围包括信息、家电、通讯、医疗、交通工具制造业等范围。

4. 企业设计部门模式

从 20 世纪 90 年代开始，摩托车、汽车等交通工具制造业领域，一些企业具有非常专业的工业设计中心并吸引了大量的人才。信息产业领域主导企业不仅成立了自己的设计机构，还委托国外的大型设计机构进行合作设计，迅速提升了设计的质量和层次。

本章重点

设计组织基本可以分成两种基本类型。一类是企业内部的设计组织，另一类为独立的设计组织。企业内部的设计组织从性质上可分为固定性设计组织和临时性设计组织。

企业基本分为两种基本组织结构：一是扁平型结构，二是锥型结构。

设计组织的基本要素包含：设计人、设计结构、设计目标、设计技术、环境等。

设计组织的运作形态：

1. 托帕利安的有机形项目设计小组

2. 霍林斯 · G 与霍林斯 · B 提出的设计圈模型

3. 洛伦兹的产品开发组织形式

设计组织的分类：

1. 按产品技术属性分类包括：

a. 产品类别型组织

b. 技术类别型组织

c. 矩阵式组织

2. 以职能部门分类包括：

a. 单一职能部门下的设计组织形态

b. 多职能部门下的设计组织形态

c. 独立型设计组织形态

课外讨论

1. 简述设计组织的基本要素。

2. 调研 10 家国内外设计公司，分析它们的规模、经营范围、组织结构和设计管理状况。

第五章

设计沟通

5.1 设计沟通基本概念及内容

设计管理的过程可以说是沟通的过程。国际设计管理协会会长鲍威尔认为，设计管理者必须能够充分地通过实例来沟通和阐明目标，从而在一定的时候、一定的任务下，得到最好的项目结果。在设计活动中，设计人不是孤立的，沟通协作的效果将直接影响到设计的进度和质量，在任何组织的内外部，也都需要合理的沟通来完成活动的执行过程。

沟通是社会最常见的活动之一，是人或组织进行信息传达和交流的过程。沟通的过程是由主体将信息传达给客体的活动，这个过程通常涉及信息发送者（主体）、信息接收者（客体）、信息内容、信息表达方式及信息传播渠道几方面要素。沟通的价值是由于人的交流协作的社会属性决定的，是组织运行的必要条件。但由于沟通是两方或多方互动和传达的过程，所以沟通的效果受各要素的影响。

如图所示，整个沟通的过程是一个通过媒介编码和解码的过程。编码是指由主体发出的需要传递的信息。例如饭店里某区域张贴了禁烟标识，以冒烟的烟头加上叉号表示，或者是服务人员的口头提醒，告知此处为禁烟区，请勿吸烟等。接收信息者需要理解由主体发出的信息含义，张贴禁烟的标识可能由于个体的理解不同而有不同认知，或没有看到标识，没有听清话语，都会影响到整个沟通的执行。而在这个过程中，图示张贴是沟通的渠道，客体接收信息后的行为会体现对于主题信息理解

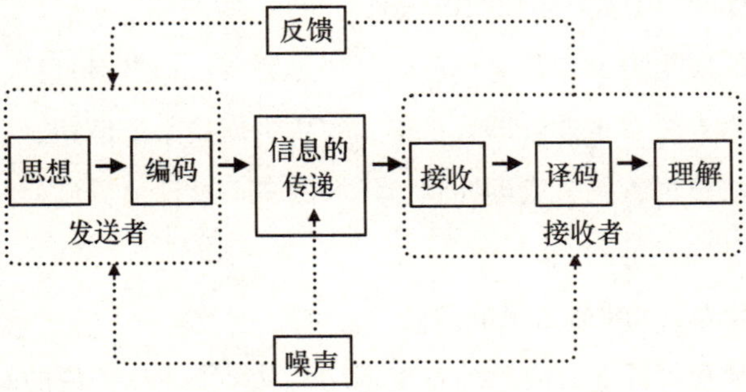

的反馈。

广告可以被称为最普遍的沟通行为，是企业向消费者传递信息的过程。广告是否能利用合适的媒介将信息正确的传达给消费者，是广告价值的核心体现。台湾大众银行广告之梦骑士篇，是奥美公司 2011 年为大众银行策划的品牌形象电视广告。广告以叙述 5 个平均年龄 81 岁的台湾人，不畏年老体病，骑车环岛旅行的真实故事改编，表现老人为梦而在的精神，借喻大众银行支持梦想的品牌理念，并以不平凡的平凡大众呼应大众银行品牌名称。根据调查，此广告的整体喜好度，吸引注意、印象深刻的回馈度高达 99%，作为大众银行的首轮品牌宣传收到了良好的效果。

设计沟通的核心内容为传达、协调和连接，具体表示为：

1. 通过沟通了解双方或多方需求和意见，以便运用设计达成符合认知的成果。

2. 协调设计组织内外部的沟通，确保需要的信息和咨询在正常效率的渠道进行传播。协调设计组织内外部的各种交流需要。

3. 为设计部分选择并提供合适的沟通渠道和方式，以便有良好的沟通效果。

5.2 设计沟通的类型

设计沟通的内容根据设计组织的不同而有所不同。而针对沟通对象的不同，设计沟通的类型主要包括：

1. 设计师之间的沟通

设计活动常常以团队形式完成，设计师需要在团队中相互协作。设计师之间的沟通环境影响设计团队的成效，设计活动的项目负责人对团队之间的沟通起管理作用。如何能使设计师有效沟通，充分发挥能力，是项目负责人在统筹团队时的关键。

2. 设计师和团队其他成员的沟通

设计的成果需要与其他角色人员协作完成。如材料专员、市场专员等各种技术专员、企业管理人员等，主要沟通技术的应用、质量控制、产品测试、市场营销、成本控制、市场战略、设计项目流程、设计评估等内容。

3. 设计人员和管理人员的沟通

设计师和管理人员的思维方式不同，设计师往往关注的是设计效果表现，而管理人员往往看重收益效果、资金控制等，不同的观点往往带来沟通上的误会。而且设计师在部分企业中有时不被认为是核心重要的部分，不能被管理人员所理解，这就需要通过设计人员的沟通，表达设计的作用。同时设计人员在组织中还需要沟通各种对于组织的建议，管理人员与设计人员沟通总体方针目标、管理方案、指标，以及企业的各种信息传达等。

4. 设计人员和消费者 / 客户的沟通

设计人员需要了解消费者的需求和喜好、客户的需求和目标、顾客的满意度、市场情况等。这部分的沟通是收到良好设计效果的基础，也常常和组织内其他人员以及管理人员的沟通相交叉。

5. 设计人员的其他沟通

设计人员还可能需要和行业内其他组织和个人沟通，如组织外部设计顾问、相关认证和审核机构、外协厂等。以及和法务人员沟通，了解与设计活动相关的政策法规等。

5.3　设计沟通的形式

设计沟通根据不同的划分标准，沟通的形式可以被归纳为正式沟通和非正式沟通、自上而下的沟通和自下而上的沟通、设计人员的内部沟通和外部沟通、设计群体与非设计群体的沟通等。

1. 正式沟通和非正式沟通

在项目执行过程中，特别是项目初期和验收期，设计沟通通常采用正式沟通的形式，如确定设计的定位、明确设计的任务、设计组织的统筹、设计成果的交付、设计审查的反馈等。这样的沟通往往有多人参与，而且有固定的沟通目标，采用严谨正规的形式进行沟通。正式的沟通往往有文件、记录等协助，有设计活动的管理人员参与。正式沟通的优点在于能确保重要信息沟通的传达率，提高相关人员的重视度，确保信息传达的权威性。缺点是参与人员的主动性和创造性受到限制。

非正式沟通在设计过程中广泛使用。如在设计过程中创意的互相碰撞，相互交流的意见及建议等。非正式沟通的形式多样，可以在固定的设计工作环境，也可以在任何工作后的交流中进行。设计沟通的形式也可以选择口头直接交流，或随手的形象展示。非正式设计沟通的优点在于主动性较强，能够激发团队成员的积极性，并且能快速沟通交流问题，培养团队感情，是积极寻求当下问题解决方案的主要沟通方式之一。但非正式沟通较为随意，只能用于一般事件和较小决议，传递的信息个人主观性强，不具有重大决策的意义。

2. 自上而下的沟通和自下而上的沟通

自上而下的沟通是上级传达信息，按照组织隶属管理向下传递的过程。这样的沟通一般有正式书面文件传达，或由分级负责人逐级向下沟通传达。此种沟通方式一般是针对管理、政策、指导目标等，是典型的正式沟通方式。自上而下的沟通虽然较为严肃，但由于往往不是直接沟通，所以容易造成沟通信息的传达不能准确真实。但这样的沟通方式可以明确不同级别的职责，并且适合主动性较小，机械性或强行执行的信息。这样的沟通对于信息的参与时间较短，信息传达应用中有明显的高效率、高执行率的特征。

自下而上的沟通广泛使用于信息的反馈，工作情况的汇报等。这样的沟通形式较好应用于头脑风暴、表达意见中，能使广泛人群主动参与到沟通和讨论中，适合创意性问题的表达。缺点是自下而上的沟通往往时间较长，对于机械性的工作会导致浪费时间，降低工作效率。

3. 设计人员的内部沟通和外部沟通

美国著名策划公司YM（Yamamoto Moss）的总裁米兰达·莫斯（Miranda Moss）提出，有了规范的章程、清晰的设计策略及畅通的内部沟通渠道，任何一种形式的宣传都会有助于提高和增强人们对该企业品牌的认知度和判断力。可见内部沟通对于设计活动的重要性。设计内部沟通涉及设计组织内的其他设计人员、组织内的相关专业人员，如材料、检测、营销、质检、成本等，是设计组织完成工作的重要组合体。在这个组合体中常有不同工作的负责人，以及项目主管协调各部分人员的沟通和整个团队的沟通。

设计人员和外部的沟通涉及提供支持的各方面外部人员，如合作单位、外部技术专员、设计顾问/指导、财务及法务顾问等，还可能是与设计活动相关的组织及机构。如专利申请机构、各种资质审核机构等。在设计过程中和设计委托商建立良好的关系，对设计活动有至关重要的帮助。

4. 设计群体与非设计群体

设计人员与设计群体的沟通主要在对设计的意见和表达方式上，对于沟通的表达相对主观，对设计的认同能够提供相对开放直接的交流方式。在沟通方式上除使用语言表达，较多使用图像或其他设计工具进行交流。

但是设计师之间的沟通容易无法评判客观的评判结果，发生意见分歧时难以达成共识。

设计人员和非设计人员的沟通存在较多问题。由于沟通人员背景的不同，对于事物的理解有不同的关注点。在设计团队中的非设计群体沟通容易存在利益上的冲突而导致沟通不畅，设计师相对于某些市场角色人员，缺乏沟通的主动性和沟通技巧。而与企业管理人员的沟通中，可能会出现对设计人员的重要性及专业性缺乏重视的问题，使得沟通处于劣势，难以直接表达沟通的信息。在和客户进行沟通时，设计师往往需要其他人员协助转达，设计师本身欠缺维系密切客户关系的能力和技巧。而和客户沟通的畅通与否，直接影响设计成果的质量和效率。

5.4 设计沟通的媒介

在设计沟通的过程中，普遍使用的沟通媒介有口头、文字、视觉形象方式。其中口头和文字是任何沟通中常用的形式，而视觉形象是设计沟通中特别常用的沟通展示方式。在通常的设计项目中，往往几种沟通方式同时使用。

1. 口头沟通方式

口头沟通方式较为灵活，能够实现即时沟通，是沟通效率较高的方式。设计人员可以随时沟通交流想法，设计管理人员也能及时了解设计进程和处理设计中的各种问题。口头沟通的方式有面对面、电话、讨论、会议、演讲、沙龙等。

2. 文字沟通方式

文字沟通是设计组织中重要的沟通形式。在文字沟通中，设计计划书、设计要求、设计进度表等都是常用的沟通方式。在有关于设计项目的重要会议中，会议记录也常常被作为沟通的重要信息被传达。文字沟通的形式由于现代科技的发展，主要有文件、备忘录、留言板、电子邮件、企业内部网站、Web 群件等形式。

3. 视觉沟通方式

在设计项目中，视觉的成果是必不可少的。比如设计草图、产品模型、工程图、设计施工图、摄影作品、多媒体设计成果等，是设计的重要成果，也是设计活动中沟通的重要媒介。视觉沟通的对象往往通过电子设备及多媒体工具进行展示，这种沟通方式有表达直接、表现力强、信息量大的特点。

沟通方式	适用于	不适用于
口头沟通	创意概念共享	传达详细复杂的信息
会议沟通	头脑风暴的集体讨论 获得及时反馈 设计决策 宣布重要事宜	讨论设计项目具体细节
书面沟通	传播信息 形成记录 编绘各种设计概念	评议、讨论
视觉沟通	表达具体设计概念 信息量大 多媒体工具结合	传达详细复杂的信息

沟通方式的比较

阅读资料 1

AE/ 客户执行的沟通作用

AE，是 Account Executive 的缩写，即客户执行，或客户主管。是指在广告公司中，以执行广告业务、维系客户关系为职业内容的人员。在日本和美国的广告界较为普及，中国的 4A 广告公司也多有设立这样的职位，以增加客户的满意度及提高公司的业务量。

整体来讲，AE 的职责贯穿于整个客户委托工作的时间，AE 需要了解客户的企业背景、相关行业信息，以及客户的目标、资金预算等，同时需要协调企业内部所有相关部门，进行工作任务的下达、工作过程的沟通和工作效果的监督检查，并处理好客户在企业的各类事务，定期汇报业务情况，同时要兼顾客户和企业两方面的财务目标，是广告公司和客户建立良好关系的重要环节。

AE 的工作内容具体有：

1. 了解客户的全面信息及相关行业的市场情况，并根据顾客的需求和情况，为客户策划广告提案。

2. 作为客户的“内部代表”，协调广告公司内的各部门，完成客户委托的业务，为客户提供高质量的广告服务。

3. 与客户沟通，汇报和交流在设计活动过程中的进展及各种问题，并定期的向顾客提交工作进程汇报。

4. 在公司内部协调调研部门、创意部门、设计制作部门、媒介部门的工作，并以正式的形式下达工作任务，以便顺利完成客户的业务要求。

5. 除与客户的沟通会议外，以“客户代表”的名义，组织内部会议，监督各部门进程，并进行记录汇报和整理。

6. 协助办理客户业务范畴内的各种行政事宜。如财务结算、催款等事宜。

7. 向客户争取广告订单。作为客户联系专员，了解客户的需求，为企业争取业务，在让客户满意的情况下同样要争取企业的利润效益。

阅读资料 2

Zara 的设计沟通策略

Zara（飒拉）隶属于世界第一大服装销售集团 Inditex 集团的高街（High Street）时尚品牌，于 1975 年在西班牙成立。截止到 2010 年，Zara 已经建立 4000 余家店铺，遍及世界 70 个国家和地区。Zara 下属 5 个子品牌，涉及女装、男装、童装、配饰及化妆品等。它所引导的快速时尚（Fast fashion）模式，已经受到大量消费者的追捧。

Zara 在西班牙的总部汇集了 200 多名设计师，负责其男装、女装和童装的设计。这些设计师在 11000 米的设计中心自由交流。在这样的设计团队中，Zara 并没有像很多时尚品牌一样设置首席设计师，而是希望这样开放平等的环境能够使每一位设计师能自由的设计各种风格的服装，以便满足其消费者多样的需求。这样的设计制度使设计师们能平等自由的进行设计，互相之间进行沟通，激发了他们的积极性和提高了效率。他们每年至少设计 1100 款不同的产品，保证了产品的更新率和多样性。

Zara 的橱窗设计受到路人的关注

Zara的设计师们对于市场的的了解来自于各个环节，这样的信息反馈得益于Zara产业链沟通制度的完善。首先，Zara的店铺有完善的信息统计处理系统，能够将即时的店铺信息传送给总部，设计师能够直接了解消费者的市场反应，从而进行产品设计的调整。而管理人员也会依据市场的反应，决定产品的上架样式和时间。一般来讲，Zara的产品的在店时间不超过二周。其次，Zara的设计师是各大秀场、演唱会的常客，从时尚的基地了解到流行元素后会迅速用于设计。在消费者聚集的学校、咖啡吧、电影院也能见到他们的身影。和时尚元素、消费者的直接沟通能确保了解消费者的需求。另外，Zara的配送体系确保产品被设计师设计后能迅速进入生产和销售体系。Zara的服装从设计到上架售卖只需要二周的时间，而这些信息又能很快反馈给设计师供其进行设计的调整。最后，Zara充分利用科技的支持，在材料的运用方面进行优化，经过前期设计师、材料师、制版师、采购人员和管理人员的协调，采购人员在面料流行前便可选定目标下单预定，使得设计成本降低，设计师能够很好的控制成本并合理的运用布料。

在整个Zara的运营中，开放自由的环境激发了设计师的灵感，完善的组织体制内设计人员、采购人员、材料师、技术人员等顺利沟通，一起构建了Zara的“快速时尚”王国。

本章重点

沟通是人或组织进行信息传达和交流的过程，在设计活动中非常重要。沟通的过程是由主体将信息传达给客体的活动，这个过程通常涉及信息发送者（主体）、信息接收者（客体）、信息内容、信息表达方式及信息传播渠道几方面要素。

设计沟通的类型主要包括设计师之间的沟通、设计师和团队其他成员的沟通、设计人员和管理人员的沟通、设计人员和消费者/客户的沟通，以及设计人员的其他沟通。

设计沟通根据不同的划分标准，其形式可以被归纳为正式沟通和非正式沟通、自上而下的沟通和自下而上的沟通、设计人员的内部沟通和外部沟通、设计群体与非设计群体的沟通等。

在设计沟通的过程中，普遍使用的沟通媒介有口头、文字、视觉形象方式。其中口头和文字是任何沟通中常用的形式，而视觉形象是设计沟通中特别常用的沟通展示方式。

课外讨论

1. 讨论设计沟通各种方式的利弊。
2. 结合设计组织的调研，讨论不同设计组织类型适合的沟通方式。

第六章

设计管理与企业经营

6.1 企业经营理念

香港理工大学设计学院约翰·赫斯克特（John Heskett）教授指出，企业越早意识到用于设计管理与设计的资金投入的重要性，其新产品或新服务成功的机会越大，反之，市场和消费者如果对企业不断推出的新产品没有认知度，那么产品堆积压仓，企业不仅经济损失巨大，更严重的是品牌资产和品牌形象也将受到损害。

专家认为策略性使用设计将为企业提供可持续发展竞争力，包括：提高产品附加值；以追求健康舒适的生活品质为设计目标，创意可靠、安全的产品，及时将产品打入市场；好的设计将帮助企业节约使用原材料，降低生产废料，提高生产效率。任何一个公司的企业理念，回答的实际上是一些简单而根本的问题：我们是谁，我们在做什么？我们做这一切的目的和意义何在？企业经营理念是指在特定的社会经济条件下通过社会实践所形成的企业全体成员所恪守的企业愿景、企业使命、价值观、行动准则、业务领域等，是为推动企业正常运营及其持续发展而构建的价值体系，是判断经营状况所要依据的准则，是企业员工融为一体的共识意念。对外，经营理念是一面旗帜，是企业特质的核心；对内，经营理念是一种纽带，是企业员工的信仰；对内对外都是一种心理契约。企业经营理念的特征表现在：全局性、未来性、竞争性、相对稳定性。

企业理念 = 愿景 + 使命或宗旨 + 核心价值观

1. 企业愿景（或企业宗旨）是指企业长期的发展方向、目标、目的、自我设定的社会责任和义务，对未来和世界的期望。例如企业对社会（也包括具体的经济领域）的影响力、贡献力、在市场或行业中的排位（如世界 500 强）、与企业利益相关群体（客户、股东、员工、环境）之间的经济关系。企业愿景主要考虑的是对企业有投入和产出等经济利益关系的群体产生激励、导向、投入作用，让直接对企业有资金投资的群体（股东）、有员工智慧和生命投入的群体、有环境资源投入的机构等产生长期的期望和现实的行动，让这些群体、主体通过企业使命的履行和实现感受到实现社会价值的同时，自己的利益的发展得到保证和实现。近年来，“愿景”这一概念越来越成为企业战略中的一个核心概念。无论在国外还是国内，许多公司在经历了几次大的全球经济浪潮冲击后，在越来越严重的全球竞争压力下，开始愈来愈重视对企业进行整体性、全局性、永续性的审视和变革。

2. 企业使命是为达到企业愿景所采取的计划以及实际商业目标。在界定了企业愿景概念的基础上，就要把企业使命具体地定义到回答企业在全社会里经济领域经营活动的这个范围或层次，也就是说，企业使命只具体表述企业在社会中的经济身份或角色，在社会领域里，该企业是分工做什么的，在哪些经济领域里为社会作贡献。企业使命主要考虑的是对目标领域、特定客户或社会人在某确定方面的供需关系的经济行为及行为效果。企业使命根据市场变化和企业发展可以作适当调整。

从企业愿景（或企业宗旨）和企业使命等理论概念的关系来讲，企业使命是企业愿景的一个方面，换句话说企业愿景（或企业宗旨）包括企业使命，企业使命是企业愿景中具体说明企业经济活动和行为的理念，如果要分开来表述企业愿景和企业使命，企业愿景里就应不再表达企业经济行为的领域和目标，以免重复或矛盾。

3. 企业核心价值：柯林斯和波勒斯简洁地把核心价值观解释为“公司的精神和持久的原则——是一套不需要外部调整的永恒指导原则”。它对于公司内部的人拥有固有的价值和意义。核心价值观，决定了组织对于好与坏、对与错、赞赏或是不屑等问题的判断。核心价值观是全体员工衷心认同和共有的处理企业内外不同关系的原则，不会由于市场的改变而变化。迪斯尼追求想象力和快乐的核心价值观是发自自身内在的信仰，而不是来源于市场的需要。它必须回答这样几个核心问题：第一，如何看待顾客；第二，如何看待员工；第三，如何思考和定义竞争；第四，如何考虑对社会和环境的责任；第五，如何考虑合作与竞争；第六，如何认识成本和利润。从目前成功企业的企业文化分析中看，他们

瑞士军刀设计融入现代使用概念，例如移动硬盘、时钟等。

都非常重视对企业各种“权力人”权力的尊重。惠普的企业文化明确提出“以真诚、公正的态度服务于公司的每一个权力人”的思想，这与IBM公司的“让公司的每一个成员的尊严和权力都得到尊重，为公司在世界各地的消费者提供最上乘的服务”有异曲同工之处。

6.2 企业经营类型

全球化生产不同于国际化生产，它是指某一产品价值链由不同国家的不同企业共同完成，生产的国家边界和企业边界均被突破，根据价值链各环节之间的关系，企业结构不同，对设计的需求也不同。在社会总体构成中，全球化生产企业分四种类型：原始设备制造商、原始设计制造商、自主品牌生产商、原始标准制造商。设计管理作为现代企业的主要经营手段之一，依据四大类型划分的理论结构分层操作，在具体应用中表现出许多具有个性的特征，一是企业不同背景表现出的个性化基础，二是每个企业在生存和发展中有着不同发展平台的空间和目标，三是在

不同层面的设计（战略）应用

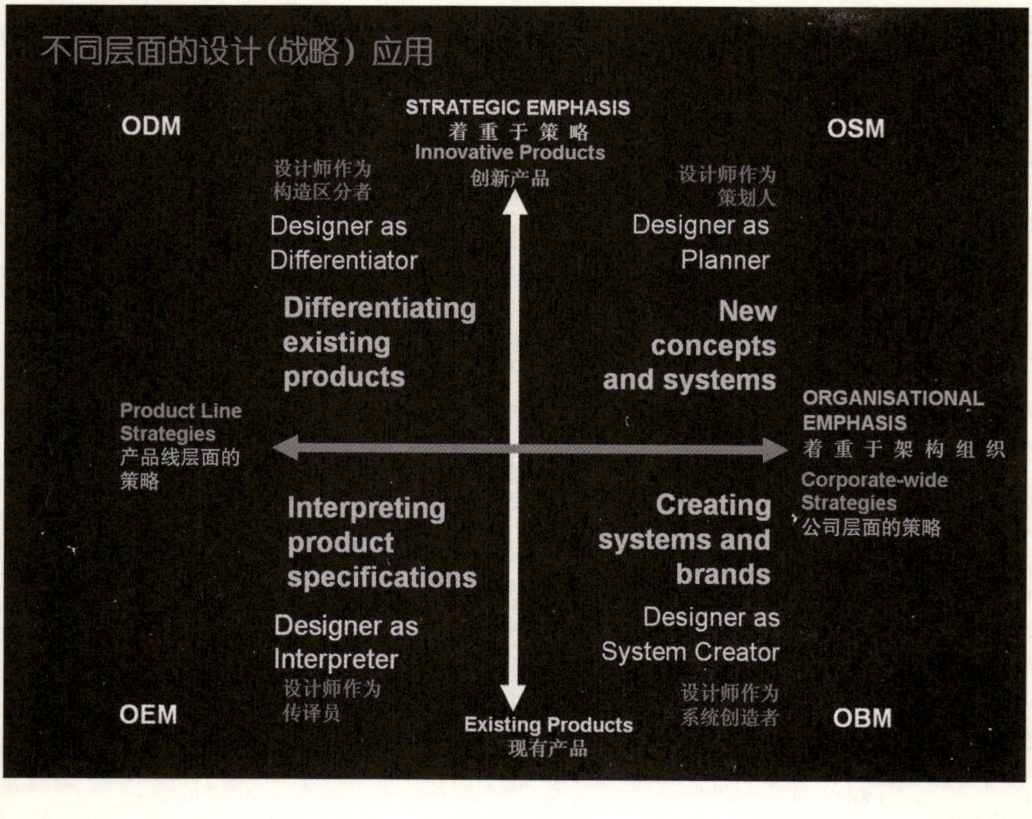

企业和社会总体构成中表现出新老交替的复杂尺度关系。因此，设计管理的作用应根据企业具体构成特征从不同层面切入，即基于企业的构成背景来考虑企业的未来发展目标。

6.2.1 不同企业的特征

OEM（Original Equipment Manufacturer）原始设备制造商

通常也称 OEM 企业，隐藏在自有品牌企业 OBM 的背后，一般不为消费者知道。这类企业以生产贴牌产品和加工产品为主，买主提供产品规格和设计规范，在产品活动中很少有自发设计活动，技术和设计不是 OEM 企业的核心竞争力。由于技术、设计和品牌都依赖其他企业，OEM 逐渐成为产品价值链上的最底层。我国目前有不少企业属于这类企业。

ODM（Original Design Manufacturer）原始设计制造商

以自行设计的产品争取买主的定单，并使用买主的品牌出货，这类企业就是 ODM。这类企业有较强的自行开发和设计新产品的能力，不仅要为客户企业生产产品，还要负责产品的设计、研制与开发。与 OEM 相比，ODM 更关注设计创新，产品的附加值也相应增加。

目前大多数中国台湾代工企业已经从 OEM 过渡到 ODM 企业。在部门结构上，这些企业设置了拥有强大研发能力的研发部门，而且研发部门在整个企业中拥有较大的权力，并且建立了一整套完整的销售渠道。台湾企业虽然从代工中得到可观的利润，进行了充分的原始资本积累，但是他们始终把发展定位于自主研发为主而代工为辅，仅仅把代工作为技术学习和扩大市场的手段。

OBM（Original Brand Manufacturer）自主品牌生产商

这类企业拥有自己的品牌，面向消费者经营从产品研发、设计、生产与分配和售后服务四个环节。自主品牌生产商与 ODM 相比，除了必须重视自身设计创新能力，还需要对市场和目标消费者的了解和沟通。

OSM（Original Standardization Manufacturer）原始标准制造商

这类企业以具有系统运作能力为特点，是企业的发展最为成熟的标志。这些企业有着丰富的经营资源和深厚的企业文化底蕴，具有完善的新产品开发系统和营销网络，拥有自身产品品牌和品牌的运作能力。这类企业能从战略的高度出发，对企业运作作出战略性的筹划，在设计的作用下全面整合和优化企业资源，规范行业标准，提升企业整体品牌形象。

6.2.2 不同企业差异性设计管理重点

香港理工大学设计学院约翰·赫斯克特教授认为，反映在不同层次企业的设计应用程度是不同的，设计师在企业中的作用和角色也不尽相同。他把OEM、ODM型的企业所涉及到的设计活动归结为产品线层面的设计运作特征，把OBM、OSM型的企业归结为公司层面的设计特征。由于这两类设计应用的企业层次和程度的差别，因而为企业带来的价值和存在的风险也是不同的。

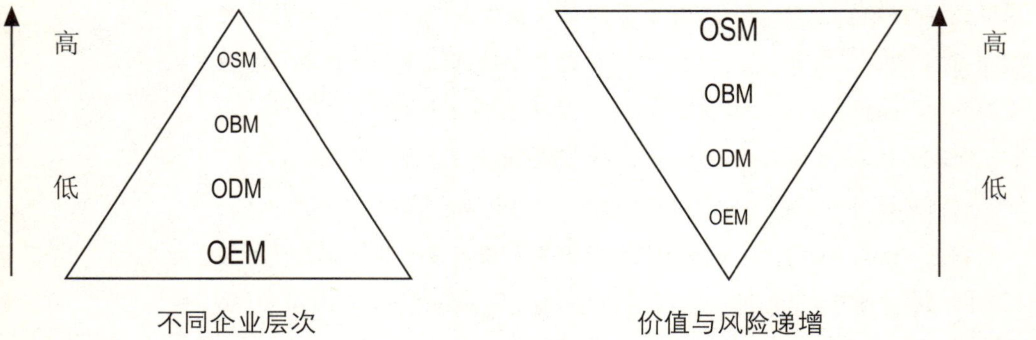

不同层次企业特征及发展风险

OEM型的企业主要以加工外部产品为主，在设计方面投入很少，所以风险很小，但由于企业缺乏自主知识产权的产品，产品生产为企业所带来的利益较少。设计师的职责主要是担任产品传译员的角色，对现有产品标准作进一步的完善，设计管理的重点为工艺流程、原材料供应与合理运用、质量管理、产品更新信息等。

ODM型的企业具有自主开发和设计新产品的能力，企业的资源投入也较大。新产品的设计与开发具有一定的风险性，但成功的设计也将为企业带来较大回报。设计管理的重点为新材料、新工艺、市场新流行趋势、科技发展等。

OBM型企业以规划和创建企业品牌为目标，强调发挥设计在创建品牌系统中的作用。设计管理重点在企业设计、生产、市场、销售等各个经营系统之中。需要考虑品牌战略、品牌传播、消费者心理、产品质量、政策法规等。

OSM型企业以在社会上确立良好的企业品牌形象和规范行业标准为目的。设计师在构建企业形象的系统中起着策划者和创造者的角色。设计资源在整个企业的资源投入最大。但同时，企业在市场中的产品特色、品牌形象也很有独特性，能给企业带来十分巨大的经济效益和社会影响力。OSM 型企业不仅需要极强的设计研发能力，更重要的是需要更强的设计创新能力，以及对行业未来发展的预测和把握能力，设计管理的重点为生活方式改变、行业动态、社会发展、产业构成规范、社会总体需求等。

6.3 企业的设计政策、策略、计划

6.3.1 设计政策

设计政策是企业在总体经营理念下为使设计渗入各项工作而确定的设计总体方针与范围。设计政策反映了企业对设计的认识程度和应用程度，也反映出组织中设计特征与外部竞争对手之间的差异，反映出企业领导层对设计管理的意识与水平，以及管理者在设计活动中的角色与职责定位等等。

企业设计政策通常有两种形成模式：

第一种模式是先天性形成设计政策，企业从创立起设计为主要竞争力，设计是创始人的经营策略之一。例如很多企业的经营者本身就是设计师出身，他们也是各种品牌的创始人，例如：宜家（Ikea）、赫曼·米勒（Herman miller）、卡西尼（Cassina）、艾烈希（Alessi）、好利获得（Olivetti）、苹果（Apple）。这些企业都有一个共性，全球化设计政策，并将设计精神渗透到企业经营的整个过程，体现在整个价值链，从产品到传播。

第二种模式是后天性设计政策，通常是企业在多年经营中总结出的设计战略，例如索尼、飞利浦和摩托罗拉这样的公司，不仅企业领导层有拥有设计背景的成员，而且许多执行官在设计部的时间要比在市场部的时间更多。在索尼，设计人员地位要高于工程师。产品设计包括产品的生产和销售，设计中心不仅要设计产品的外观和形状，还要开发整个产品概念，包括产品如何销售、如何推广、如何做广告等等。这样，索尼的设计就不仅限于为已有的技术增加价值，而是成为连接生产和消费这两个环节的根本要素。因此，索尼的设计工作在公司组织结构中占据中心位置，设计人员在公司的组织经营工作中也发挥着关键作用。例如，随身听（Walkman）早期开发和生产时的设计中心负责人黑木靖夫在索尼是唯一可以直接向盛田昭夫的副手大贺典雄报告工作的部门负责人。而大贺本人是索尼设计部的前负责人，后来成为公司的董事长。

6.3.2 设计战略

设计战略是在设计活动展开前，企业为确保设计成功而对特定产品所处环境进行评估分析后，对设计活动所提出的一系列明确的指导方针。例如，企业针对某一个或一类产品的经营特征和有关情况在设计方面作出以降低价格为目标的设计策略；或增加产品品种，实行产品差异化的设计策略等等。在遵循设计政策的前提下，一个企业有可能实施多种设计战略。

6.3.3 设计计划

设计计划是指对某一个具体产品所制订的设计要求、方法、步骤等

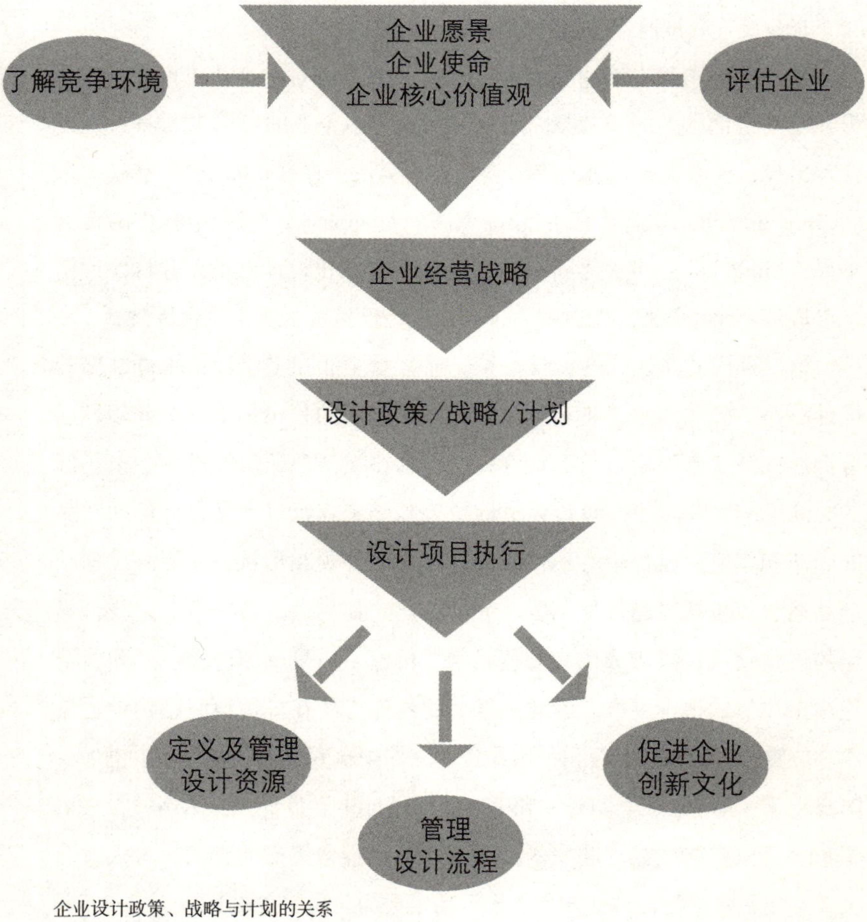

企业设计政策、战略与计划的关系

具体实施方案。设计计划的制订必须在设计战略的指导原则下进行。设计计划是实施设计战略的具体体现，设计计划的实施过程也必须围绕如何实现企业设计战略的目标来进行。

综上所述，企业设计政策是制定设计战略的基础与前提，设计计划是实现设计战略目标的具体体现。而设计战略既体现了企业总体经营战略的指导原则，同时也为企业中的各项设计活动提供了明确的方向和目标，是设计取得成功的基本保证。因此，设计战略是设计管理的核心内容。

6.4 设计战略执行中的设计管理

6.4.1 制定设计配比

设计配比是指企业各项设计活动中，设置不同设计力量和去投入的配合比，它是依据设计政策而制定的设计投入的分配计划。比如如果企业认为视觉要素设计是最重要的，平面设计的投入就需要多一些；如果企业把主要精力投入到产品上，包装和产品设计或产品界面设计就应首要考虑；如果企业优先考虑店面和工作环境，那么环境设计就应当优先关注。

设计管理的作用在于每年为企业制定设计配比，确定优先投入的设计领域，并核实设计配比与市场营销组合、企业沟通活动的投入是否协调。设计部门理论确定设计部门的工作目标，确定各项具体设计投入的重要性、确切的设计配比，企业的资源才能有效而合理地分配和利用，设计投资才能取得预期的回报。

6.4.2 监控设计执行效果

管理控制设计执行效果需要评估各项设计活动是否符合企业设计政策、设计战略，评估投入是否达到预期目标，设计管理必须与财务部门合作，制定设计投入财务管理的方法。

设计管理还必须制定设计评估标准，以测评设计策略的价值。例如：评估设计是否推动企业实现长远目标，是否扩展现有市场，促进企业股票增值等等。评估设计渗透企业各项活动的程度，在企业重大政策以及企业每个部门中设计政策的作用。尤其是提升设计管理各项事宜，并将之作为公司人事管理的重要活动和核心竞争力。

6.4.3 设计管理与企业人力资源管理

将设计与企业人员行为和精神相结合，设计部门可以帮助企业人力部门的内部沟通活动。

1. 制造或维护企业和外部各项沟通活动的网络、空间，促进信息沟通。

2. 与设计学院建立长期关系，通过提供学习机会和各种项目合作机会，为企业培养未来设计人力资源。

3. 由于设计活动需要设计师与各部门人员进行许多正式与非正式的沟通与合作，催促企业人力资源的需求向自主性、个性化方向发展。

6.4.4 设计管理与企业知识产权保护

设计管理还需要非常重视和加强设计保护。设计作为企业知识产权的一部分，含有重要价值，可以通过法律手段加以维护，设计管理的重

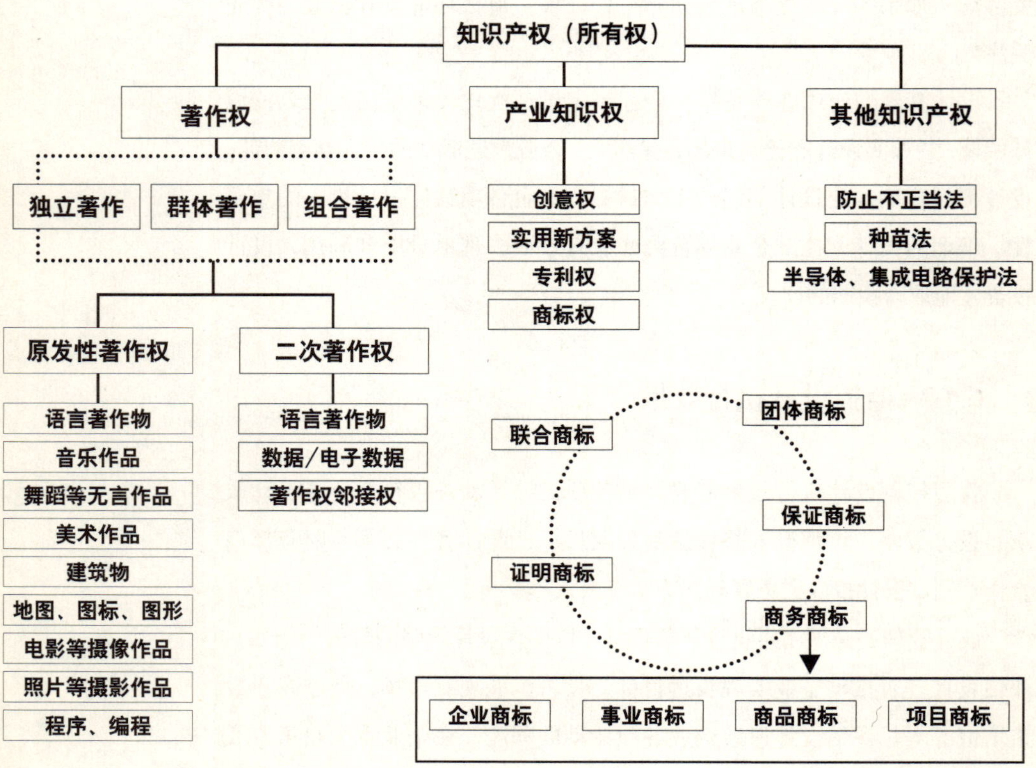

知识产权（所有权）基本概念图

要性是了解设计法律授权手续，以防止新设计成果被盗用。知识产权包括：著作权、设计权、专利权、商标权。如果设计中含有科技创新或新发明就可以申请专利，如果设计成果结构中包含小说、故事则可以申请著作权。企业标志必须申请商标权等等。

阅读资料

“中国制造”到“中国品牌”

“‘中国制造’应该变成‘中国品牌’。”THEKEY（钥匙）公司视野总裁飞利浦·斯达克（Philippe Starck）指出。现年55岁的斯达克是当今世界上最受尊敬的设计师之一，曾为法国总统设计家具，市面上有超过10本与斯达克有关的著作。斯达克与THEKEY公司的高层一同在广州接受了记者采访。

“中国品牌”具有形象优势！市场总裁吉勒斯·曼金（Gilles Mangin）直言不讳地指出，目前中国商人信心仍不足，不敢大胆地从OEM（来料加工）转向OBM（原创品牌生产）甚至OSM（原创策略生产）。斯达克指出，中国市场的优势是劳动力廉价和技术转让活跃，但市场劣势是利润压力太大，比如原材料价格上涨和市场竞争激烈，应对之道就是从国内走向国际市场。斯达克称，“世界性品牌越来越像‘纸老虎’，他们只是虚拟的商业机构”。众多世界性品牌将所有“实际的东西”，都交由其他公司完成。这种运营方式，优点在于“品牌能够成为潮流的实验室”，缺点是这些品牌只是一个商标而已。

相反，亚洲的，如中国的生产商才是未来真正的公司。“我们希望从旁协助，让他们担当应有的角色。”斯达克还表示，亚洲和中国的形象，在欧美地区不断得到提升，亚洲文化也在欧美地区受到欢迎，这些都是中国企业的优势。

斯沃琪手表系列设计

从“制造”到“品牌”是出路!

行政总裁罗曼·哈丘耶(Romain Hatchuel)分析了中国企业目前的状况，认为“从‘中国制造’到‘中国品牌’是中国企业必须完成的道路”。罗曼·哈丘耶说，根据《商业周刊》于2003年所作的“Global 1000”（全球1000强企业）分析，主要依靠海外生产的世界前100位消费品以及零售公司(以市场资本为准)，在2002年的销售记录为35788亿美元，盈利则有2280亿美元。

然而，这些公司均是亚太地区的前100位来料加工商，同年的销售仅仅获得约850亿美元，盈利只有40亿美元，分别只相当于这些世界品牌企业对应数据的1/50。因此斯达克指出：1/50是一个令人惊愕的比例，这是现时工业社会里出现的最基本的不平衡现象。“根据近期一项调查指出，有超过60%的亚洲商业机构期望自立品牌。”

本章重点

企业经营理念是指在特定的社会经济条件下通过社会实践所形成的企业全体成员所恪守的企业愿景、企业使命、价值观、行动准则、业务领域等，是为推动企业正常运营及其持续发展而构建的价值体系，是判断经营状况所要依据的准则，是企业员工融为一体的共识意念。

企业理念 = 愿景 + 使命或宗旨 + 核心价值观

全球化生产不同于国际化生产，它是指某一产品价值链由不同国家的不同企业共同完成，生产的国家边界和企业边界均被突破，根据价值链各环节之间的关系，企业结构不同对设计的需求也不同。在社会总体构成中，全球化生产企业分四种类型：原始设备制造商、原始设计制造商、自主品牌生产商、原始标准制造商。

香港理工大学设计学院约翰·赫斯克特教授认为，反映在不同层次企业的设计应用程度是不同的，设计师在企业中的作用和角色也不尽相同。他把OEM、ODM型的企业所涉及到的设计活动归结为产品线层面的设计运作特征，把OBM、OSM型的企业归结为公司层面的设计特征。由于这两类设计应用的企业层次和程度的差别，因而为企业带来的价值和存在的风险也是不同的。

企业设计政策、策略、计划的定义、区别与联系：企业设计政策是制定设计战略的基础与前提，设计计划是实现设计战略目标的具体体现。

而设计战略既体现了企业总体经营战略的指导原则，同时也为企业中的各项设计活动提供了明确的方向和目标，是设计取得成功的基本保证。因此，设计战略是设计管理的核心内容。

设计战略执行中的设计管理：

1. 制定设计配比。

2. 监控设计执行效果。

3. 设计管理与企业人力资源管理。

4. 设计管理与企业知识产权保护。

课外讨论

1. 请简述企业经营理念的含义以及主要内容。

2. 全球化生产企业分哪四种类型？分别分析相对应的不同设计应用程度。

3. 请简述企业的设计政策、设计策略、设计计划的定义以及它们的区别与联系。

4. 结合实际案例分析设计战略执行中的设计管理内容。

第七章

品牌体验设计

7.1 体验经济时代的到来及其经济内涵

20 世纪 90 年代，人类已迈入了“新经济”时代。正如西方经济学家所言，体验经济已成为继产品经济、商品经济和服务经济之后的一种新型的经济形态。派恩与吉尔摩的《体验经济》和谢佐夫的《体验设计》为新世纪的经济界和设计界展示了一个崭新的理论和设计方向。

产品设计是工业革命的产物，它是时代经济、技术和文化的内在反映。作为经济提供物的基石——产品的属性也随着经济形态的变化而变化，相对于产品经济、商品经济、服务经济和体验经济，它的属性也由自然的向标准化再向定制化以及人性化发展。以消费经验为设计核心的体验设计是体验经济理论与商品市场战略结合的产物。体验设计的理论逐渐成为现代企业开发产品的重要依据。比如：耐克公司、迪斯尼主题乐园、主题性餐厅等。总之，体验经济、体验设计目前在世界上处于发展阶段，在新经济领域中，对于中国的制造业和设计业具有重大的现实意义。

美国未来学家阿尔文·托夫勒 20 世纪 70 年代在《未来的冲击》中预言：服务经济的下一步是走向体验经济。人们会创造越来越多的跟体验有关的经济活动，商家将靠提供体验服务取胜。美国战略地平线顾问公司的共同创始人约瑟夫·派恩和詹姆斯·吉尔摩在 1998 年指出体验经济时代来临，其区分经济价值演进的四个阶段为产品、商品、服务、体验。

体验经济时代的到来是社会经济发展的必然趋势，和新经济、信息经济、服务经济一样，它只是对眼前正在发生的变化以及未来趋势所做的一种个性化的描述。正如派恩二世所说，体验作为第四种经济提供物，一直存在于我们周围，只是尚未得到广泛认识，顾客、商人和经济学家把它归并到服务业并混在一起。而实际上体验与服务的差别就好像服务与商品的差别一样，所以有必要将体验作为一种新的价值源泉进行提炼并加以发展。从根本上说，任何时代经济活动的产生和发展，都是生产力发展和人们需求不断升级的相互作用的产物，体验经济也不例外。

那到底何谓体验？所谓体验，是指使每个人以个性化的方式参与其中的事件。体验通常是由于对事件的直接观察或者参与造成的，而不论这种事件是真实的还是虚构的。体验会涉及到知识、智力、思考等理性因素，但更为重要的是顾客的感官、情感、精神等感性因素，并将这些因素寄予一些活动中让顾客可以记忆。具体到商业，体验就是企业以服务为舞台，以商品为道具，围绕着消费者设置情景，创造出值得回忆的活动。企业通过诱发的体验让顾客主动参与其中，响应某些刺激并获得个人化的愉悦经历。当顾客愿意为这种体验付费时，那么体验本身也就可以看做是某种经济上的给予，即体验作为一种新的价值源泉，它创造的价值来自个人内在的反应，这样体验经济就因为有了经济上的实现载体而应运而生了。说到底，体验经济是真正意义上的以顾客为中心的、反映顾客消费行为和消费心理由理性走向感性的一种新的高级经济类型。在体验经济时代，生产行为以提升服务为首，并以商品为道具；消费行为则追求感性与情境的诉求，创造值得消费者回忆的活动，并注重与商品的互动。体验可分为四大类：娱乐体验、教育体验、遁世体验和审美体验，它们互相兼容，形成独特的个人境遇。

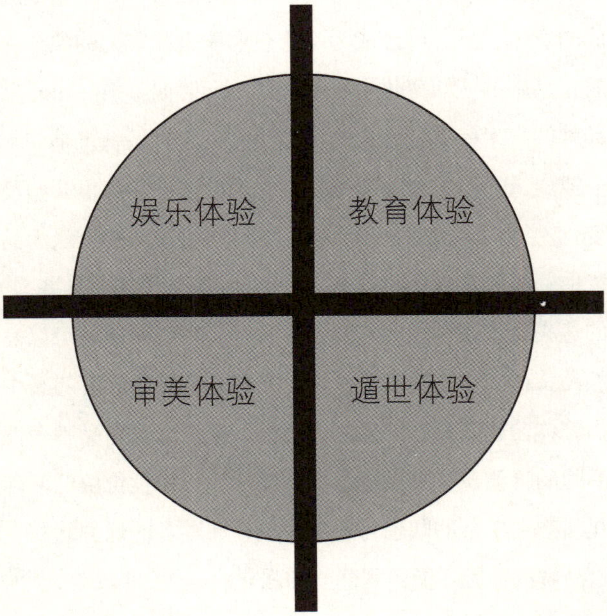

体验类型

7.2 体验经济时代的消费需求与企业品牌

产品经济时代以产品的标准化生产为核心，服务经济时代以服务作为提升企业核心竞争力的主要手段之一，而体验经济时代是产品与服务的有机结合，是人类需求层次升华的必然趋势。体验经济时代的顾客完全不同于以前任何经济时代，其消费习惯和生活方式表现为享受和自我发展型。追求时尚与形象，展现个性与发展自我逐渐成为新一代顾客的愿望与需求。他们购买商品的目的不再是出于生活必需的需求，而是出于满足一种情感上的渴求，或者追求某种特定产品与理想的自我概念的吻合。很大一部分顾客，其心理活动甚至还没有从感性认识阶段进入理性阶段就已经作出购买决定。今天对一个品牌如痴如狂，明天可能因为爱上另外一个又把它晾在一边，其消费行为的非线性化让人难以寻踪。因为他们选择的标准不再基于“好”或“不好”这一理性认知观，而是基于“喜欢”或“不喜欢”的感性态度观，他们崇尚“我喜欢的就是最好的”的个性化消费观。营销人员感觉到这种困惑就不足为奇了：原来的消费群随年龄的增长过去了，而新的适龄消费群的需求特征竟然与他们的前辈大相径庭，他们之间没有任何逻辑上的关联。

在顾客按照自己的个性化偏好进行感性选择时，品牌成为他们最好的区分标准。随着市场环境的变化，市场营运的主体已经由企业让位于品牌，品牌已成为企业在市场中最稳定的营运要素和经营核心。企业间的竞争也演变为品牌的竞争，品牌已经成为一个企业能力和实力的象征。从消费心理角度来看，品牌的认知变化主要经历了三个时期：第一个时期是视品牌为标志。品牌的产生就是基于它的标志功能，此时品牌仅是一个附加在产品上的部分或成分。第二个时期是视品牌为象征。品牌也开始反映它与顾客的关系变化。第三个时期是视品牌为顾客的主观认知。认为品牌是存在于人们心智中的图像和概念的群集，是关于品牌知识和对品牌态度的总和，此时品牌的意义更依赖于顾客心智中的解释。我们对照就可以发现，体验经济时代的品牌认知处于第三个时期，品牌是存在于顾客心智中的东西，顾客通过品牌体验达到自己的爱好、个性、生活方式与品牌个性的关联互动。这样品牌的价值意义不是建立在功能性、标识性价值的基础上，而是依靠感性化认知、丰富的联想与想象构成。而顾客的这种认知、联想和想象只有通过品牌的体验才能得到确立和强化。

未来超级市场——完全数码设计（包含自动收银机、智能化电子秤、个性化导购服务 信息终端处理）
设计机构：麦德龙、IBM、因特尔、西门子、思科、思爱普

经济供给物	产品	商品	服务	体验
经济	农业	工业	服务	体验
经济功能	采掘提炼	制造	传递	舞台展示
提供物的性质	可替换的	有行的	无形的	难忘的
关键属性	自然的	标准化的	定制的	个性的
供给方法	大批储存	生产后库存	按需求传递	在一段时期之后披露
卖方	贸易商	制造商	提供者	展示者
买方	市场	用户	客户	客人
需求要素	特点	特色	利益	突出感觉

人类经济发展

7.3 品牌体验设计的原则

品牌就像一个人，人有姓名，品牌有名称、标志等符号识别。人归属于家庭，品牌也有母品牌和延伸结构，它们之间也有不同的家族结构和关系。人有情感、性格、意念，人有生命周期，人有不同的生活方式和形象，这些品牌都有。如何将一个品牌特征最大化表现出来，就像塑造一个人物特征，设计管理的重要性体现在以下六点原则：

7.3.1 个性化

世界著名广告大师、奥美的创始人奥格威在1955年时对品牌作了如下定义：品牌是一种错综复杂的象征，它是品牌的属性、名称、包装、价格、历史、声誉、广告风格的无形组合。品牌同时也因消费者对其使用的印象及自身的经验而有所界定。这一概念已经指出消费者是品牌的最后拥有者，品牌是消费者经验的总和。品牌体验是非常个性化的，每个人对品牌有不同的观察、发现、感受、认识，品牌的体验取决于消费者或用户，他们是参与者也是创造者。我们无法设计产品来支配某个人的体验，我们只能预测并设计环境来期待可能发生的体验。体验是无法完全设定的，因此设计者应该是教育者，或者设计某段体验的程序，营造好的情境和氛围。真正的体验设计是每个和品牌接触的人。个人体验创造了产品附加价值，特别是非物质化价值，将为品牌提供更多的说服力和影响力，最终把企业的各种价值观灌输入消费者的脑海中。耐克公司将价值20美元的帆布胶底运动鞋变成价值100美元的越野训练工具就是一个最好的例子。英特尔公司用“Intel Inside”标志其计算力（同时伴随着悦耳、鲜明的声音和彩色的多媒体体验）。可口可乐公司也在不断地努力，试图使消费者相信喝自己的可乐会有更好的饮用体验。

上：Nike ID，顾客网络定制服务
中：可口可乐上海外滩体验店，由红色工作室设计（Studio Red）
下：可口可乐青少年休闲吧，由红色工作室设计（Studio Red）

7.3.2 一致性

品牌体验一致性从宏观上讲应该以体现品牌的核心价值为体验设计目标，保持一致性，建立标识系统、广告宣称、产品包装设计风格等等。微观上看一个产品的设计，需要整合好几部分过程，例如，购买一瓶纸盒牛奶，体验过程包括：将买好的牛奶放进车里，开车将它带回家，然后放进冰箱。然后你把牛奶倒入肚子，最后把空纸盒扔掉。这些细节——携带、储存、开封、丢弃都是我们消费牛奶，体验一个品牌的重要环节，需要精心设计，因为它们会对消费者的价值体验造成重大影响。可以说，品牌传播并不是某个部门的任务，而是企业整体努力的结果，必须是多参与者、多信息载体、多传播渠道、全方位和一体化的有机结合，是“以一种声音说话”的整合营销传播。

喜力啤酒瓶装设计

7.3.3 差异性

差别化是企业极其重要的竞争优势。过去企业建立竞争优势，主要有两个战略平台，一是更低的成本，二是更多的特色。然而在体验经济时代，科技进步使得竞争者之间的“筹码”变得大同小异，已经难以拉开差距。面对产品高度同质化和顾客对个性化体验的渴求之间的矛盾，以形成品牌差别为导向的市场传播（即品牌传播）成为企业打造竞争优势的重要战略平台之一。好的品牌并不是靠广告轰炸出来的，企业的品牌传播是一项系统工程，企业所做的每一件事和没有去做的每一件事，都在传达出有关的品牌讯息。

喜力啤酒延伸礼品设计

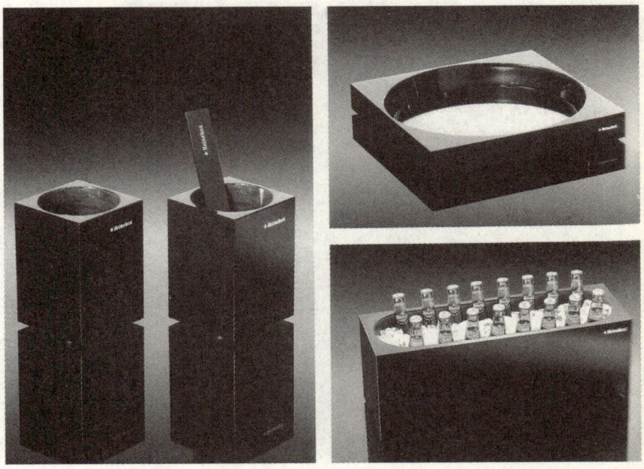

7.3.4 情感性

品牌定位是指建立或重新塑造一个与目标市场有关的品牌形象的过程与结果，是决定一个品牌成功与否的关键。精准的品牌定位来源于对市场的充分把握和对顾客的深度关注和了解。在体验经济时代，顾客既是理性的又是感性的，而且市场证明满足顾客生理性的消费需求是有限的，而情感性的消费需求却是无限的。依据目标顾客的个性特征，塑造一个具有个性的感性品牌无疑在体验经济时代具有强大的生命力。这种感性的品牌个性只为让顾客在更多的体验中享受品牌给他带来的个性化刺激。但这并不否认品牌理性特征的重要性，因为无论是顾客的感性还是品牌本身的感性，实际上都来源于其各自的理性。品牌定位的焦点在于寻找品牌个性特征与顾客需求之间的交叉点和平衡点。也就是说，定位不是在产品本身，而在顾客的心底。顾客心智认知一旦建立，就很难对其进行改变了。顾客的心智必将成为体验经济时代品牌传播的“众矢之的”，进军顾客心智是获取品牌忠诚的必经之路。品牌，品的就是感觉、情趣，通过在顾客“品”的体验中传播品牌个性，紧扣顾客心智的脉搏，达到“心有灵犀一点通”的境界。

喜力啤酒体验店，阿姆斯特丹

7.3.5 长期性

每个企业都梦想拥有一个强大的品牌。然而品牌化是一场马拉松，而不是短距离疾跑，企业品牌经营是一项需要耗费大量人力、物力和财力的长期艰苦劳动，涉及到诸多方面。体验经济时代的到来，对企业的管理、营销产生了变革性的影响。

体验一个品牌的真正价值就像了解一个人，需要长期的接触。营销大师杰里米·布墨尔说：“消费者建立品牌认知就如鸟儿筑巢一样，用随手拾取的稻草杂物建造而成。”品牌体验设计需要循序渐进，不断创造和维系品牌与消费者之间的情感，增强品牌美誉度和信誉度，延长品牌的生命周期，同时注意品牌的危机处理与品牌的保护。

7.3.6 互动性

品牌体验不是仅仅指传统意义上的产品

服务体验，或者各种广告体验，而是指随时随地的创造消费者与品牌的互动。从定义上来说，没有互动，体验就不可能发生，这就需要企业转换思维方式，把消费者的身份从旁观者提升为参与者。一旦互动发生，顾客的反应也就出现了，而这些反应表现出来的就是一种感觉或期望——也许是积极的，也许是消极的。设计管理在于增加品牌与消费者接触点管理，要考虑顾客的品牌接触点到底有哪些，然后根据接触点来规划怎样接触顾客，并在每一个接触点之中长时间传播品牌讯息。因为只有长时间、立体维度的全面体验，才能使顾客更容易记忆。而且顾客的体验更多的是“润物细无声”，顾客在潜意识中对品牌产生感性认知并存贮于心中。所以企业要利用每一个品牌接触点，以产品等任何可能载体作为道具，赋予顾客各种权利，为顾客提供更多的个性化体验经历。

7.3.7　品牌体验的设计阶段模式

在体验经济时代，由于顾客注重对于品牌的体验经历，在品牌经营过程中企业的品牌体验设计成为与顾客联系最为紧密、也是最为关键的一环。因为顾客从开始接触品牌到购买、使用产品，都是体验之旅，其实都是在一定程度上反映了顾客本身所认可的价值、情感和经历，而这些体验也将会强化或改变顾客原有的消费行为。在品牌传播和顾客体验品牌之前，企业必须要明确“对谁说”、“说什么”、“如何说”的问题。在体验经济时代，设计师必须理解充分考虑品牌发展每个阶段顾客对个性化、感性化的不同体验追求。从品牌的生命周期来看一般有四个品牌体验设计阶段：

导入期——品牌的诞生体验

导入期品牌，一般是刚刚进入市场，消费者对其的认识较薄弱，还没有占据市场份额的品牌。品牌体验设计从品牌诞生就开始了，设计师必须考虑品牌的核心概念、价值观、品牌的个性、品牌的情感诉求。今天许多公司都为新品牌设计了诞生的故事（storytelling），而故事的中心思想即代表了品牌的核心理念，品牌的承诺。品牌故事核心完整的确定也为今后体验设计各种剧情、道具、人物风格提供了根本的依据。这样成为今后品牌传播信息中的重要因素。

耐克空军一号（Nike Air Force 1）工作室，2007 年成立，介绍跑鞋历史，介绍 AF1 制作工艺和流程，提供用户量身订做服务。

耐克空军一号工作室内部

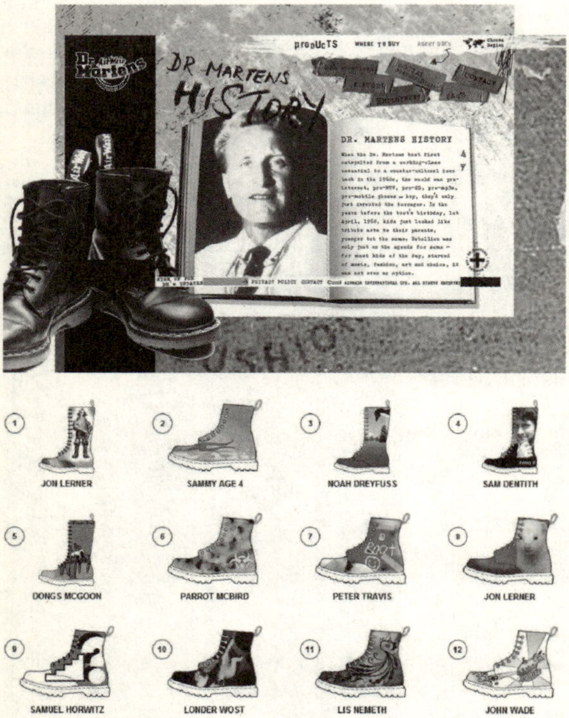

英国品牌马丁通过网络创意鞋款设计投稿，每月选前三名投入生产，激发顾客参与品牌体验的热情。

例如：耐克公司的所有品牌故事都依据一个核心故事中心，就是“只要想就能赢”；又比如乐高（LEGO）公司所有品牌故事的核心都是“learning through creative play”——通过有创意的玩耍来学习。

发展期——品牌的信息体验

发展期品牌是指该品牌已经进入市场一段时间，不论其产品活力还是消费者对其的认识程度都处于上升之中。品牌信息体验必须做到三个基本点：必须让人们了解品牌的独特性；必须吸引和保持消费者的兴趣和好奇心；必须简明创造清晰记忆点。品牌信息包括标志、色彩、声音、人物、广告故事情节、产品的服务特征、购物环境等等。

品牌信息体验主要是消费者在初期对品牌信息的获取，品牌信息的设计要传达品牌的核心价值。例如品牌大师沃利·奥林斯（Wally Olins）发现1993年手机通讯行业整体感觉非常商务化、昂贵、男性化，因此他定义“Orange”（橘子）这个手机品牌的主要传播信息为“It's my phone”，这是我的手机。强调品牌所带来的未来价值。如：新颖、诚实、直率、友好、活跃。品牌的所有信息体验如零售店设计、广告设计、网页设计、服务流程设计都体现了这些价值。这一品牌知名度很快达到45%。

成熟期——品牌产品/服务体验

成熟期品牌已经取得竞争优势，

获得大部分消费者的认可，具有活力，市场份额稳定，居于行业领导地位。因此沟通维系情感，培养消费者品牌忠诚是这一阶段品牌体验设计的主要目的。“重新获得一个流失的客户比获得一个新客户的成本高七倍。”品牌情感某种程度上是品牌体验的终极目标，因为只有消费者在情感上忠诚于品牌，他们才不是简单“购买”、“使用”这个品牌，他们将品牌与自己紧紧地联系起来。体验设计主要是帮助建立更多互动沟通机会，共同参与新产品设计，产品定制法案，以及提供各种参观培训等等。例如英国皮鞋品牌马丁（Dr.Martens）在其网页专门开辟了顾客设计新鞋板块，通过顾客亲自设计、公众评选来更新款式。

珠宝设计师泰德·诺坦（Ted Noten）为绿箭口香糖策划的用户创意口香糖饰品设计活动。用户吃完绿箭口香糖，可自行设计各种饰品，并邮寄回绿箭公司，泰德·诺坦最后将它们制作成金银饰品。这是一个非常成功的环保和用户直接参与的设计活动。

衰退期（更新期）——品牌的延伸体验

余明阳编著的《品牌学》一书中指出：品牌延伸是指品牌使用到与其成名产品或原产品完全不同的产品上，凭借现有品牌产生的辐射能力事半功倍地形成系列名牌产品的一种名牌创立策略。

在认识“体验经济”时，首先要明确的是，所谓“体验消费”的基础与载体仍旧是传统的商品与服务，只不过是这些商品与服务中已经凝聚了“体验价值”，如娱乐因素、文化因素等，它实际上要求我们在发展经济时，必须与时俱进，必须不断渗入新的“体验价值”。品牌延伸在四个层次上可以创造新的品牌体验价值：物质产品体验、信息体验、服务体验、购物环境体验。品牌延伸的主要作用在于品牌创新、更新和维护。

阅读资料

惠普拥抱体验经济

在2000年以前，和其他IT厂商一样，惠普公司执行的是一种以产品经济为中心的商业模式，其主要任务是制造销售信息产品获取利润。在刚刚过去的2001年，惠普公司看到体验经济代表了个性化，代表了人性的本质，是必然的发展趋势，看到了它对未来经济生活的影响，在业界率先提出并实践体验经济战略。惠普的目标是创建一个让用户驾驭科技的世界，从本质上改善个人及组织的效能，为推动企业发展及改进个人生活作出有意义及独特的贡献。这是惠普独特的创新，是实现体验经济的努力。

商业模式是企业创造营业收入的体系，是企业重要的竞争力量。2001年，惠普提出了为客户创造价值的市场定位，及“全面客户体验”（TCE，Total Customer Experience）的商业模式。惠普的意图是，通过提供服务体验、购买体验、应用体验及使用体验，让客户感受到一种个性化的完全不同的体验。惠普的很多机构，都是围绕以客户为中心、为客户提供全面体验的思想设计出来的。惠普对公司员工结构进行了战略性调整，增加了6100个服务方面的工程师，使客户服务的力量得到加强。例如，在客户销售经理、八大区域总部、企业咨询顾问、惠普商学院、系统集成中心、28个惠普支持服务中心、惠普在全国范围内的近百个授权支持服务中心等方面增加了相应的人员，使他们为客户创造更多价值，让客户享受到全面的服务体验。中国惠普有限公司副总裁、打印成像及消费市场集团总经理柯玉璋先生说：“现代消费者需要的已经不仅仅是出色的产品，越来越多的人开始热衷于体验数码生活的全部过程。惠普是全球唯一一家可以提供如此广泛的数码体验与多种产品组合的高科技公司，无论是在数码影像、数码娱乐还是无线移动领域，惠普都拥有最全面的产品组合，可以为消费者带来独一无二的创新、直观感受和超凡功能。同时，为人们提供展现自我、满足个人生活方式需要的领先功能和个性化选择。我们相信，作为惠普全球数码战略的重要组成部分，惠普体验中心的诞生，将进一步完善惠普在全球数码影像和数码娱乐领域的领先地位，为消费者带去最简单、便捷、有趣的数码体验。”

本章重点

20世纪90年代，人类已迈入了“新经济”时代。正如西方经济学家所言，体验经济已成为继产品经济、商品经济和服务经济之后的一种新型的经济形态。派恩与吉尔摩的《体验经济》和谢佐夫的《体验设计》为新世纪的经济界和设计界展示了一个崭新的理论和设计方向。

所谓体验，是指使每个人以个性化的方式参与其中的事件。体验通常是由于对事件的直接观察或者参与造成的，而不论这种事件是真实的还是虚构的。体验会涉及到知识、智力、思考等理性因素，但更为重要的是顾客的感官、情感、精神等感性因素，并将这些因素寄于一些活动中让顾客可以记忆。具体到商业，体验就是企业以服务为舞台，以商品为道具，围绕着消费者设置情景，创造出值得回忆的活动。

体验可分为四大类：娱乐体验、教育体验、遁世体验和审美体验，它们互相兼容，形成独特的个人境遇。

品牌体验设计的六项原则：个性化、一致性、差异性、情感性、长期性、互动性。

品牌体验的设计阶段模式：导入期——品牌的核心故事体验；发展期——品牌的信息体验；成熟期——品牌产品 / 服务体验；衰退期（更新期）——品牌的延伸体验。

课外讨论

1. 结合实际设计案例分析各种体验类型：娱乐体验、教育体验、遁世体验和审美体验。

2. 结合本章内容阐述品牌体验设计的原则。

3. 调研各类品牌的核心故事以及用户体验设计。

第八章

国内外经典案例

8.1　索尼“创造市场”

索尼公司是世界一流的大型电子产品生产企业，是依靠完善的设计体系和成功的设计策略赢得市场，赢得竞争的典范。

索尼公司是日本最早强调设计管理的公司之一，早在1951年，索尼公司就聘请当时日本最有名的设计师之一的柳宗理担任“H”型磁带录音机的设计工作。1954年，公司成立了自己的设计部并逐步完善公司的设计策略。在索尼公司，设计部门占据极为重要的位置，在产品的设计和开发中起决定性作用。

当不少日本公司还在模仿德国产品设计风格，追求冷漠、理性的功能主义设计的时候，索尼公司已经意识到开创自身风格的重要性，努力形成了既具备高科技特征又富于人情味的设计风格。索尼的产品设计还具有很强的针对性，在产品设计之前会调查并充分考虑不同国家市场消费者的不同喜好。

早在1951年，索尼公司就聘请当时日本最有名的设计师之一的柳宗理担任“H”型磁带录音机的设计工作。

“创造市场”是索尼公司设计策略的核心，该公司认为市场是瞬息万变的，往往会造成根据原有市场需求设计的产品在真正投入市场的时候，因为市场因素的改变出现错位过时的情况。因此，索尼公司提出“创造市场”的设计策略，主张开拓占领新的、未被触及的市场部分，从而避免旧的“满足市场需要”生产策略会导致的被动局面。索尼公司在产品研究、设计、开发、生产的过程中往往都是不随潮流而坚持独创。

为了解决产品设计和开发中的种种问题，真正实现“创造市场”的目的，索尼公司拟订了八大原则，成为了日本企业模式的代表：

1. 产品必须有良好的功能（功能良好、方

索尼随身听系列设计风格历史演变

便携式 CD 播放器“茶道”，概念设计

SONY
WALKMAN

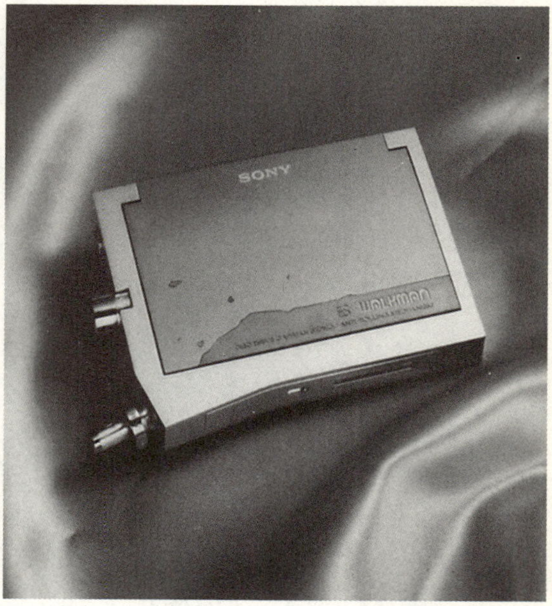
SONY

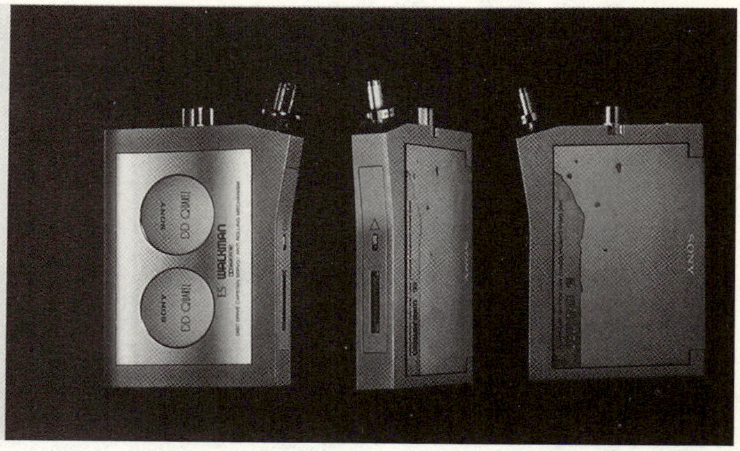

SONY
DISC DRIVE CAPSTAN SERVO
ANTI ROLLING MECHANISM
Professional WALKMAN

索尼专业磁带随身听

便保养、维修和运输）。

2. 产品外形设计美观大方。

3. 优质。

4. 产品设计体现独创性。

5. 产品设计合理，便于批量生产。

6. 本企业产品既要有独立特征，又必须具备设计特征的关联性。

7. 坚固、耐用。

8. 产品对于社会大环境应该具有和谐美化的作用。

索尼公司完善的设计体系和成功的设计策略使其成为世界上首屈一指的电子企业，在国际市场占有重要的一席，也因此成为了其他公司竞相效仿的对象。

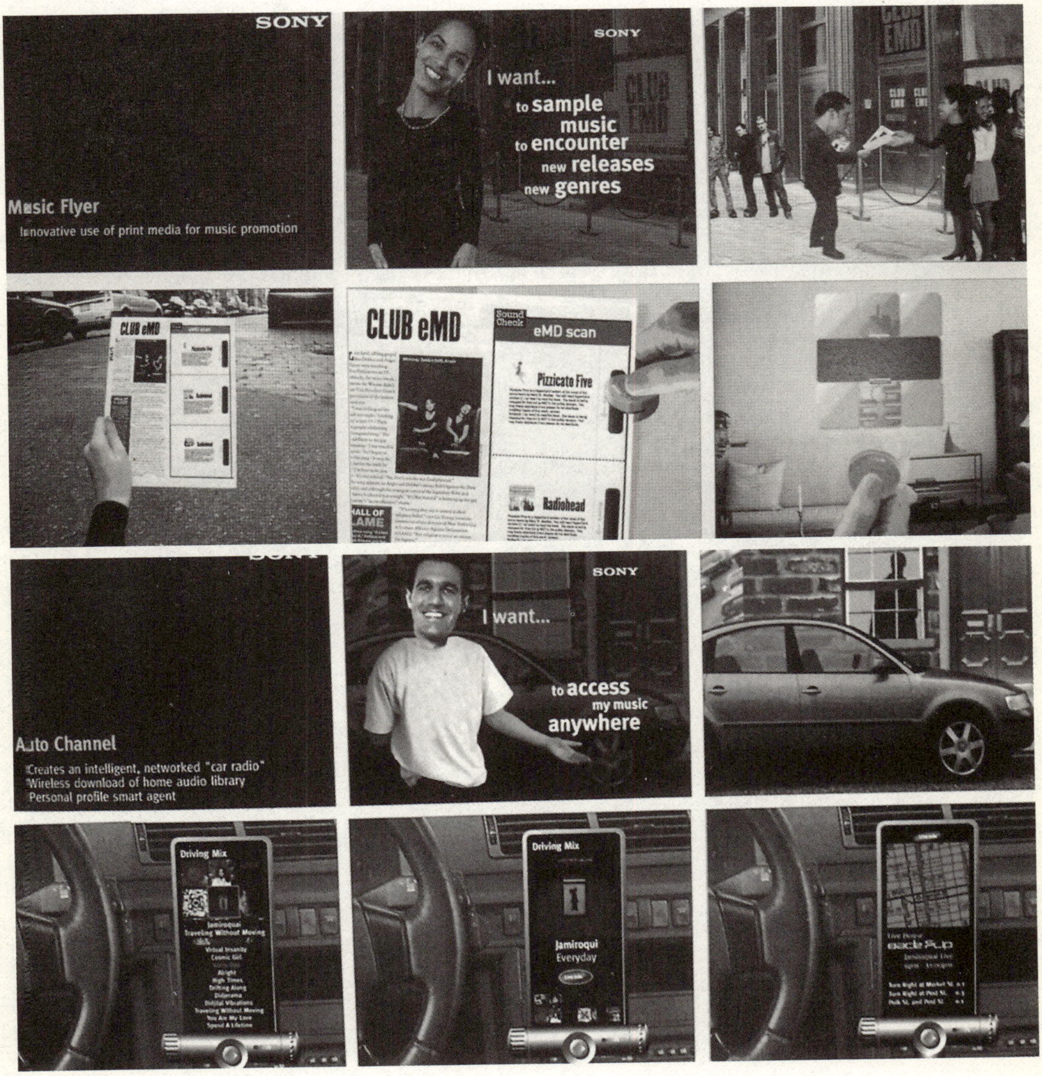

索尼用户界面设计——e音乐：迷你音乐宣传卡，内含音乐视听文件、网络搜索软件，帮助用户及时链接最新音乐讯息。

汽车频道，可以接受立体声音乐广播，内含无线电话功能，声音识别器。

8.2 飞利浦公司的体验设计模式

飞利浦设计中心 1891 年成立于荷兰爱因霍恩市。产品范围包括：商务电子、消费电子、小家电、照明、半导体电子产品组件、医疗器械。其中电器产品排名世界第五，家用电器排名世界第二。子公司分布于全球 60 多个国家，设计组织分布于 10 多个国家，拥有 500 多名设计师。

飞利浦设计中心体验设计模式共有三个阶段，即创意想象阶段、体验概念形成阶段、体验中心设计阶段。每个阶段都描述不同的设计调研和发展方法，创造“体验”方法。

1. 创意想法阶段

这一阶段是各种体验实验阶段。设计师花大量时间去理解许多潜在体验效果和形成的原因，以及各种感官体验性能。设计师与工程师们紧密合作，将各种实验记录的效果加入到各种体验界面设计中，例如：字体、动画、三维图像、声音、音乐、触感，并研究它们之间的相互关系。

2. 体验概念形成

这一阶段设计师将考虑各种客户需求、价值观和近期出现的社会文化流行趋势，通过这些讯息的了解产生初步设计概念。该中心旨在扩展传统的以时间为基准的设计专业，如互动设计，而研究时间和事件如何运用在各种设计领域。一些深入的体验研究可以激发许多设计概念，例如：地点、时间、观念、记忆、情感、沟通和娱乐。调研的结构包括人、地

飞利浦的未来产品研究：
左：植入牙齿的手机
中：移动式医院
右：床头组合柜子

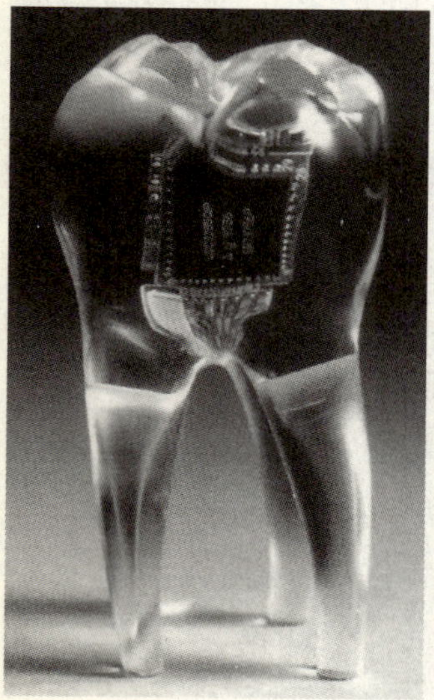

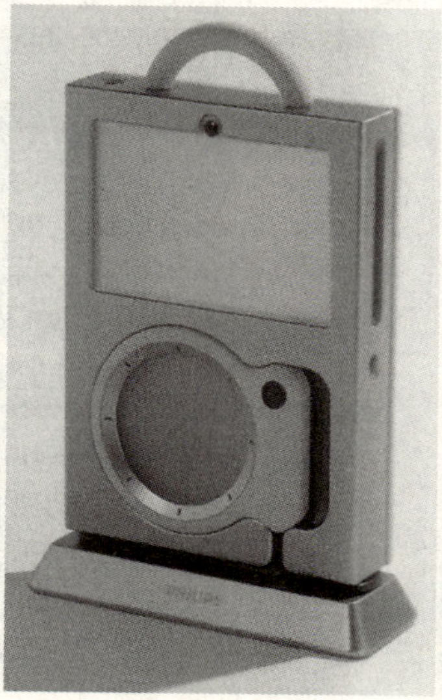

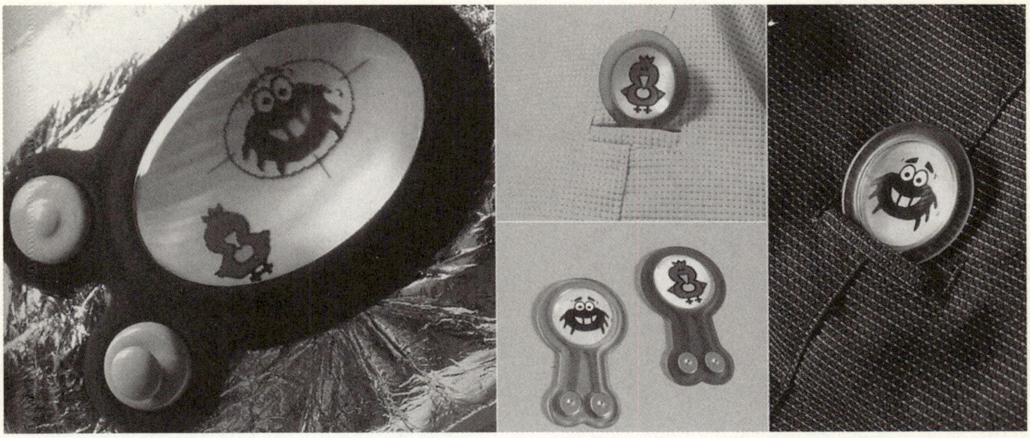

Nc Kidding，飞利浦的儿童户外游戏服饰，将电话和照相技术嵌入服装。可以随时找到自己的位置，还可以和虚拟小动物互动游玩。

交互式家谱，用以记录家庭重要事件，可以存储录像、照片、文字。

镜子，置于浴室内，可以收看电视，连接网络，镜子下的架子是个充电器，可以给电动牙刷、剃须刀充电。

备忘录，包含触摸屏、扫描仪、彩色打印机、手机，声音和图像配合记录家庭琐事。

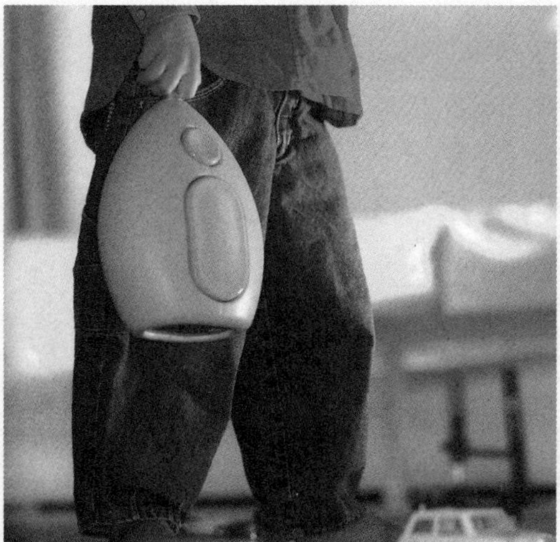

多功能、便携式扬声器，无线，可以和收音机、电视机相连。

食物分析器，用于给食物称重、分析营养成分，如热量、蛋白质和维他命含量等。

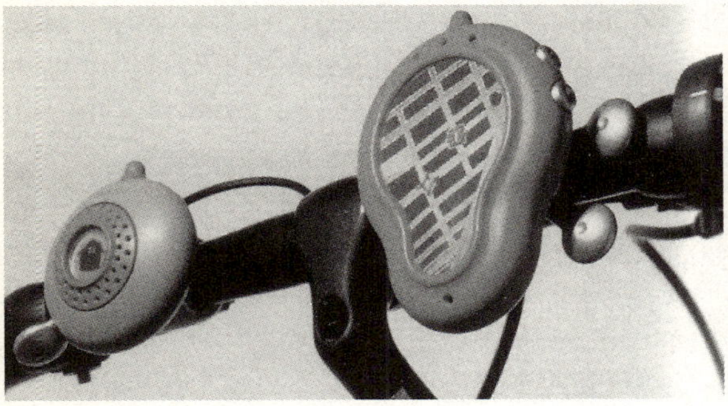

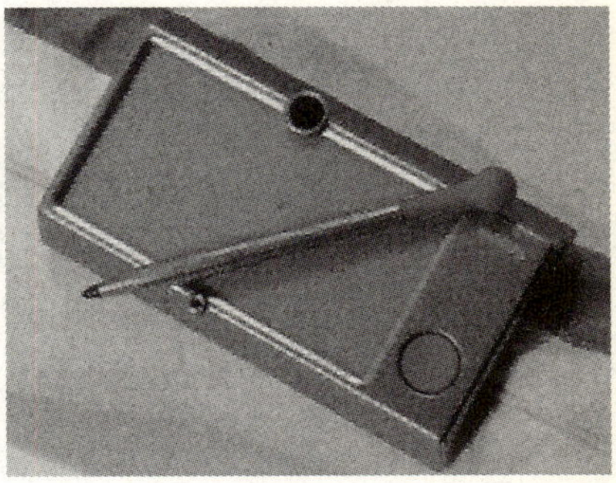

飞利浦未来产品研究：
左：比科（BIKO）游戏机
右：臂力机

点和催成因素（people、space、enablers），这也是体验设计的最基本要素。

3. 体验中心设计

这一阶段是把各种概念模型真正放入某个现实的环境中，例如一个咖啡厅或者一个酒店内、一辆轿车中，或者家中、医院、办公室，依据设想方案，这样就可以测试各种体验效果，通过被测人的体验反馈测试实际使用效果，以及在一段时间内的各种体验感受，以便修正设计方案。

8.3 乐高玩到老

乐高这一名称来源于丹麦语“Leg Godt”，意味着“玩得开心”。在拉丁语中其意义为“我来拼装”。乐高玩具是在开发想象力、创意和设计能力的玩具市场中的领导品牌，一直是销售适合所有年龄段男孩女孩的高质量玩具。发展到今天，乐高在世界范围内拥有两百万会员，《财富》曾冠以乐高“世纪玩具”的称谓。谁会想到，1932 年，乐高玩具的雏形诞生之时，只是丹麦一名木匠在比隆德的小村庄里建的一个杂货铺里的其中一样货品——木制的玩具。两年后，乐高拥有了现在的名字“LEGO”。1949 年，乐高开始生产用塑料砖块进行拼砌的玩具，从此奠定今天乐高玩具的基本形式，但真正的玩具革命，直到 1955 年才发生。那一年，乐高第一次提出“Play and Learn”（玩和学）的口号，倡导学习和玩耍同步进行的新型娱乐理念。1958 年，乐高玩具把砖块改良为插座形式，这成为乐高历史上的另一个里程碑，乐高从此开始以加速度迈大步前进。

企业宗旨：

激励儿童开发 / 挑战他们自己的创意潜能！

企业方针：

我们努力提供以我们产品搭建系统为中心的各种高质量、有趣的产品。

企业核心价值：

激发儿童的趣味，创意、参与、挑战。

企业口号："learning through play"

乐高产品突出十大特色：

1. 为玩耍提供无限的创意空间

2. 不论男孩女孩都适合

3. 能够激发起所有年龄孩子的热情

4. 一年四季都可以玩

5. 玩得刺激而且引人入胜

6. 无止境的游戏

7. 想象、创造、发展

8. 每种新产品都有多种玩乐的价值

9. 主题鲜明

10. 安全而且高质量

8.4 苹果公司设计之奥妙

苹果公司一直以不谈论自己的产品著称。不管是苹果粉丝、媒体记者还是专门的谣言制造者，不论他们对苹果是爱还是恨，一直以来都只能通过蛛丝马迹来推测苹果公司下一步将要推出什么样的独创性产品。

当前现成的一个例子就是苹果的 iPhone。这是一个苹果的设计团队如何将一个了不起的独创性技术转化为现实产品的典型案例。下面将就苹果公司如何持之以恒地贯彻自己的设计思想，使自己的产品成为市场宠儿、获得设计大奖、引发用户灵感等方面进行展开。

首先，这里的设计师们对自己公司的产品使用最频繁的一个词是"genetic code"（遗传密码）。不论苹果在多大程度上可以称为有明显的遗传密码，它的产品特性可以说大部分来自一个人的贡献，这个人就是苹果公司的已故 CEO（首席执行官）乔布斯。无论如何，许多在苹果工作过的员工（有些曾经与乔布斯密切接触）认为，正是乔布斯本人确立了公司重心在于工业设计的理念，而且很多人认为是他将设计放在了比技术更高的地位上。

在 1982 至 1988 年期间，Frog Design（青蛙设计）公司与苹果公司在产品设计和品牌战略方面有过密切合作，当时马克 · 罗尔斯顿（Mark

Rolston）是 Frog Design 公司负责创新业务的高级副总裁（但是罗尔斯顿本人不直接参与任何苹果公司的项目）。

从 1982 年到 1983 年，乔布斯一直在寻求志同道合的设计伙伴，最终认同了 Frog Design。两公司携手开发了“雪白”（Snow White）设计语言，代表苹果的产品共有的视觉符号，从产品外表体现出产品的相互关联。

一个例子是，乔布斯和 Frog Design 要求电脑成型时做到“无锥度”（zero-draft），让边呈 100% 垂直，当然造价也更高昂。当时没有其他任何一家电脑生产商使用“zero-draft”制模成型，这就使得苹果产品更与众不同。同时，更加精确的制造工艺意味着苹果电脑机箱使内部组件结构更加紧凑，节省了塑料、包装材料和运输成本。罗尔斯顿认为，苹果与生产商关系密切，“苹果对选材和制造工艺有着惊人的兴趣”，“他们总是在问生产商还能为他们做些什么”。而与 Frog Design 合作的其他 PC 生产商则截然不同，他们更关注的是经济性。

8.5 海尔把设计中心设在国外

海尔集团是一家国际性家电企业，总部在中国青岛。集团涉及业务种类繁多，但主要从事家用电器的生产制造。综合各项指标来讲，这是中国目前最大的家电企业，而且是具备持续发展能力的企业集团，近 10 年来一直保持良好的发展势头。2000 年全球营业额 406 亿元，职工人数 3 万人，预估品牌价值 300 亿元，产品涉及 69 大门类 10800 多个规格品种。2001 年《福布斯》杂志评定全球白色家电品牌，海尔集团位居第六。

海尔集团工业设计中心成立于 1994 年，是由中国企业成立的第一个设计中心，也是目前设计实力最强的设计中心。14 年来，海尔集团工业设计中心伴随着海尔品牌的国际化、全球化发展，为海尔提供了源源不息的设计支持，并形成了以用户需求为追求的核心设计理念，设计成为品牌与用户之间的关系的体现。

经过 14 年的发展，设计中心不断的拓展经营领域，覆盖设计研究、设计、设计转化等整个流程。中心成为来自全球各地的设计师理想实践的沃土，同时为海尔集团全球化战略的实施而努力。近些年来设计中心的实力不断加强，设计师从最初的不足十人发展到现在近百人的设计团队，自主设计的空调、冰箱、洗衣机等产品多次获得代表全球工业设计最高水平的 IF 奖、红点奖、IDEA 奖、G-MARK 奖，大大提高了海尔产品的国际竞争力。海尔致力于打造国内企业最强的工业设计中心。

张瑞敏经常说，一个企业如果有一天在市场上被淘汰出局，并不是被自己的对手所淘汰的，而一定是被自己的用户所抛弃的，因此企业一定要千方百计了解用户的需求，并以最快的速度满足用户的要求。海尔近年来在实施国际化发展战略中，把这一在国内获得成功的经验也移植到了国外。把设计中心设在国外，便是海尔的一步高招。海尔现在在国外一共有 8 个设计中心，主要设在美国、欧洲、澳大利亚、日本、韩国等发达国家和地区，整合这些国家的人才资源，为海尔所用，提高海尔的国际竞争力。

此外，海尔还与德国迈兹、日本东芝、荷兰飞利浦等 12 家国际大公司组成技术同盟，聘请国内外 50 多名顶尖专家作为技术顾问，开发出一系列创造满足用户需求进而创造市场订单的新产品。

参考文献

1.Design Management，Brigitte Borja de Mozota，Allworth Press，2003.

2.Design Management，Peter Gorb，Achitecture，Design and Technology Press，1990.

3.Massive Chang，Bruce Mau，Phaidon Press，2004.

4.Design Research：Methods and Perspectives，Brenda Laurel，The MIT Press，2003.

5.The Design Aganda：a guide to successful design management，Rachel Cooper，John Wiley&Sons Ltd，1995.

6.Designer's Research Manual： Succeed in Design by Knowing Your Clients and What They Really Need，Jennifer Visocky O'Grady， Rockport Publishers，2009.

7.Brand Management：Research， Theory and Practice，Mogens Bjerre，Routledge， 2009.

8.《非物质社会：后工业世界的设计、文化与技术》，（法）第亚尼著，滕守尧译，成都：四川人民出版社，1998 年版。

9.《设计管理》，刘国余著，上海：上海交通大学出版社，2007 年版。

10.《美国设计管理高级教程》，（美）凯瑟琳·贝斯特著，宫力译，上海：上海人民美术出版社，2008 年版。

11.《设计程序与设计管理》，刘瑞芬著，北京：清华大学出版社，2004 年版。

12.《体验经济》，约瑟夫·派恩、詹姆斯·吉尔摩著，夏业良译，北京：机械工业出版社，2002 年版。

13.《个人与团队管理》，（英）霍尔默斯·里奇著，天向互动教育中心译，北京：清华大学出版社，2008 年版。

14.《高效设计沟通之道》，（美）布朗著，田俊静等译，北京：机械工业出版社，2011 年版。